现代语言学丛书

主编 王宗炎 戴炜栋

语言系统及其运作

（修订本）

Linguistic System and Its Operation

程雨民 著

上海外语教育出版社

外教社 SHANGHAI FOREIGN LANGUAGE EDUCATION PRESS

图书在版编目（CIP）数据

语言系统及其运作 / 程雨民著. — 修订本.
—上海：上海外语教育出版社，2011（2014重印）
（现代语言学丛书）
ISBN 978-7-5446-2080-2

Ⅰ.①语… Ⅱ.①程… Ⅲ.①语言学 Ⅳ.①H0

中国版本图书馆CIP数据核字（2010）第219617号

出版发行：**上海外语教育出版社**
（上海外国语大学内）　邮编：200083
电　　话：021-65425300（总机）
电子邮箱：bookinfo@sflep.com.cn
网　　址：http://www.sflep.com.cn　http://www.sflep.com
责任编辑：苗　杨

印　　刷：上海信老印刷厂
开　　本：890×1240　1/32　印张5.25　字数147千字
版　　次：2011年1月第1版　2014年12月第2次印刷
印　　数：500册

书　　号：ISBN 978-7-5446-2080-2 / H·0911
定　　价：16.00元

本版图书如有印装质量问题，可向本社调换

外教社"现代语言学丛书"自20世纪80年代面世以来，在语言学界产生了深远的影响，深受国内外广大读者的赞誉。这套丛书的作者均为我国语言学界知名专家和学者，在语言学教学和研究领域成就斐然。丛书深入、系统地介绍了现代语言学各领域的基本理论、研究方法和学术成果，为推动我国的语言学研究和外语教学作出了积极的贡献。

随着语言科学的不断发展，语言学应用的范围也越加宽泛。作为一门迅速发展的学科，近年来，现代语言学在研究语言结构、语言运用、语言的社会功能和历史发展等领域，新理论、新方法、新成果和新动向层出不穷，研究的内涵逐步深入，外延也不断拓宽，成为近半个世纪以来发展最快、变化最大的人文学科之一。

『现代语言学丛书』修订说明

为使国内外广大读者及时了解现代语言学各个领域的最新发展态势,外教社对"现代语言学丛书"陆续进行修订和扩充。新版丛书在对原有的学术精华进行补充和完善的基础上,广泛吸纳近 20 年来国内外语言学领域的最新研究成果,融"经典"与"创新"为一体,从而更具有学术性、科学性和实用性。

　　作为开放系列丛书,这套丛书将与时俱进,不断丰富学科内容,拓宽研究领域,为广大读者展现现代语言学的各项前沿成果,从而更有力地推动这一学科的建设与发展。

上海外语教育出版社

2010 年 8 月

总序

"现代语言学丛书"自20世纪80年代陆续推出之后,在业内产生了深远的影响。该套丛书的编委会委员和编写者均为学界知名专家学者,在语言学的不同领域取得了很大成就。正是他们的辛勤努力使得丛书具备普及与提高相结合、引进与本土化相融合的特色,而丛书前沿性的学术内容、深入浅出的理论阐释、科学规范的研究方法等使高等院校的师生、外事外贸单位的翻译、新闻出版界的编辑等语言工作者和学习者受益匪浅,得到他们广泛的认同和喜爱,为推动我国语言学的研究和发展作出了积极的贡献。

近20年来,现代语言学作为发展最快的学科之一,有许多新发现和新成果,需要进行多角度、多层次、全方位的研究。目前人文科学、社会科学和自然科学等的渗透使得语言学的分支更加丰富,出现了越来越多的交叉学科。语言学家的研究视野也得以逐步拓宽,探索更加深入,研究观念不断更新,研究范式更加多样化。为了更加充分地反映这一发展趋势,及时向广大读者反馈语言学及相关学科的最新研究成果,我们在征求编委会委员、广大教师和学生意见的基础上,对"现代语言学丛书"进行修订,力求全方位呈现该学科领域的新理论、新观点、新方法、新结论。

该丛书修订版一方面保留了原版编者权威、内容全面、编辑规范的特点,另一方面突出"经典"和"新颖"两个特色,注重学术历史积淀与社会发展的契合,使丛书更加具有学术性、科学性和实用性。这套丛书仍然是开放的,将陆续出版语言学及相关学科的权威研究成果,以促进我国的语言学研究和学科建设。首批推出的系列著作涉及语言学科的不同层面,涵盖学科研究的前沿内容和最新成果,如《语言学新视角》、《"人本语义学"十论》、《语言系统及其运作》(修订本)、《现代语言学的特点和发展趋势》(修订本)、《比较词源研究》等。

作为人类交流的工具和文化的载体,语言的重要性决定了语言学的重要性。语言学的发展不仅受到各个学科的影响,也同时影响到其他各学科的发展。只有充分了解该学科的最新研究态势,切实关注语言学科的发展,才能更好地了解语言,运用语言。相信在业内专家学者和广大读者的支持下,"现代语言学丛书"修订版将充分发挥良好的学术影响,为语言学及相关学科的进一步发展作出更大贡献。

高等学校外语专业教学指导委员会主任委员

戴炜栋

2010 年 9 月

总序（原）

　　为什么出版《现代语言学丛书》？

　　因为我们感到，中国现代化包括许多方面的工作，其中之一是语言学研究的现代化。我们希望这一套丛书的出版，会有助于这一工作的开展。

　　近几十年来，国外语言学的研究进展很快。一方面，关于语言的内部结构，出现了各种理论和模式；另一方面，从各种不同的学科去研究语言，产生了诸如人类语言学、社会语言学、心理语言学、神经语言学、计算语言学等多科性研究。了解和介绍这两方面的理论、模式、实验和数据，供我国语言研究者参考，从而为语言学研究的现代化出一点力，这是我们的希望。

　　要做到语言学研究的现代化是不容易的。首先要对国外新的语言学理论加以分析和比较，作出我们自己的判断；更重要的是要结合汉语的研究

加以验证，写出结合中国实际的论著。我们这里先做第一步工作。

中国语言学史上，不乏利用外国的语言理论，为汉语研究开辟新路的例子。郑樵说："切韵之学，起自西域。"马建忠以拉丁文法为范式，写出了《马氏文通》。赵元任、罗常培等前辈先生运用描写语言学的方法，为我国方言调查做出了典范，近时汉语语法学家利用国外语言学的研究方法，使语法现象的分类和范畴的描写更有理据，更为精确。先行者研究外国语言理论的态度，永远是值得我们学习的。

作为第一步，我们打算出版 15 至 20 种书。以普及为主，逐步提高；以引进为主，同时注意结合我国的实际。我们希望和国内语言学界同志共同努力，填补我国语言学科中的一些空白点。

我们心目中的读者，是高等学校中文、外文和其他文史专业的师生，翻译界、新闻出版界人士、中学语文教师，以及一般语文工作者和爱好者。我们将力求用明白易懂的语言介绍新的学说和理论。

我们将注意国外新出的语言学文献，为中国的语言学的现代化尽快提供信息。我们的力量还很薄弱，我们要努力去做，并热诚希望国内语言学者和语文工作者给予指导、批评和支持。

《现代语言学丛书》编委会
1982 年 11 月初稿
1984 年 5 月修改稿

语言系统及其运作(修订本)

Linguistic System and Its Operation (Revised Edition)

目录

前 | 言

语言研究必须从语言形式着手，否则缺乏依据，没有统一的衡量标准，各抒己见，难以形成可供检验的见解。因此，现代语言学在形式分析上的成就意义重大。

然而形式分析的成就，无不在形式与内容的结合点上取得。索绪尔的符号理论（"能指"和"所指"的结合）和他的价值系统论，是从形式和内容相互依存的角度说的。随之而发展起来的音位理论，至少在它的经典时期，是在语音研究的基础上，结合辨义作用而取得的成就。音位和意义的结合是语素理论的基础。直到 20 世纪 60 年代，格赖斯提出推理在语言转义理解中的作用，即人们普遍感兴趣的所谓"格赖斯卓见"，又在语篇层次上开辟了形式与内容相结合的语言分析。

由于形式的重要性，更由于它比内容可捉摸的优点，许多语言学家都想通过纯粹的形式分析，达到解释语言功能的目的，这是完全可以理解的。但结果并不理想。我认为这是由于语言本质上不是一个单纯的形式系统，而是一个双重的形式和内容的结合体（参看正文1.1 表一）。而且这双重结合体的特点贯彻于词语、语句、语篇各层次。

我写这本书是想说明，语言形式分析很重要，但语言系统及其应用的每一个层次，都体现着形式与内容的结合；语言的应用和理解，不论是直义的还是转义的，都需要智力的参与；因此只有从语言受制于并配合智能活动的角度，才能更好地说明语言系统的实质及其运作的情况。

程雨民

2010 年 7 月修订

符 号 用 法

[　]（方括号）：标志音素或用音素表示的语素变体,如：[s],
[z],[iz];在语义领域标志义素,如：[+ human],
[- human]。

/　/（双斜线）：标志音位,如：/s/,/t/。

＿＿＿（底线）：用于行文中,标志汉字例证,如：<u>桌</u>,<u>桌子</u>,这是<u>张桌
子</u>。独立例证中的汉字一般不划线。外文例证均不划线,
如：table, a table, This is a table,但外文的语素前后加连字
号,以区别于单词,如：pre-, -s, -nov-。

□（方框）：用于图表中,标志语言符号所指向的概念,如 鲸 为
<u>鲸</u>或<u>鲸鱼</u>所指向的概念。

Ⓘ（圆圈）：用于图表中,标志由语素或词所构成的语言符号;
符号所构成的"能指"和"所指",应该用"硬币的正反面"来
标志,但因为图表中难以做到,所以权且以圆圈中的直线来
象征。

'　'（单引号）：标志语言各种层次上所表示的意义,根据情况可
以是一个符号的"所指"、词语所指向的概念、语句的意义或
它所传递的信息。

"　"（双引号),以及其他这里未加说明的标点和符号,用法均与
一般书籍中相同。

第一章
语言系统：符号的两面和符号间的聚合关系

1.1 语言符号的功能

当前语言符号研究中的突出问题是，对形式的一面研究得充分，对内容的一面注意不够。内容不需要分析，也不能分析吗？或者是它受到了不应有的忽视？归根讲来内容的一面指的是什么呢？

索绪尔极大的功绩就在于指出语言符号的"能指"和"所指"这两面相互依存，缺一不可。不仅没有"能指"就没有"所指"，而且没有"所指"同样也就没有"能指"。索绪尔的这一论断首先在音系学的领域中促成了一系列巨大的发现：虽然声音是语言形式的载体，或者说物质基础，然而只有与意义有关的声音和音间关系，才是语言研究的对象，与意义无关的语音差别与语言无关。音位和超音段音位就是这样理解的音义关系的单位。

美国描写主义学派沿着音位学研究的传统研究语法。他们的注意力集中在语素(morpheme，其实应译为"形位"以便与"音位"相应，本书暂从通用的译法)的"能指"方面，目的是想确立语素和音位之间的对应关系，即音系层上有音子、音位、音位变体，而语素层上有语子、语素、语素变体与之呼应。一方面这是因为他们钦佩音系学领域中的成就，而更为根本的原因是他们从行为主义的观点出发，想把听说双方的语言行为，也就是接受语言刺激和作出语言反应，越过捉摸不透的"意义"，用音直接联系起来。

由于对"所指"缺乏研究，所以想当然地认为"所指"就等同于所表达的概念，推而广之整段话的内容也由各个"所指"串联而成。

从而产生了简单化的提法：语言是形式，思想是内容。文学评论家一般就是这样看待文学作品的形式和内容关系的。语言被看做纯粹的形式，它使内容得以表达，又给予表达的内容以一定的影响，但它没有自己的意义，就像乐音及其组合是音乐作品的形式。语言学家中有些也注意到意义的一面，但在"所指"与"概念"对死的模式中，"所指"显得如此之复杂，致使一部分语言学家望而生畏，企图避开意义，而另一部分也只好把希望寄托于搞透形式（"能指"）或许就能弄懂意义（"所指"）。事实证明两者均无多大成就可言。

美国哥伦比亚大学威廉·戴佛（William Diver）教授是主张语言研究必须要顾到意义的，他处理这问题的办法是区分"情景"（scene），"信息"（message）和"意义"（meaning）：

> 中心的难题显然是意义的问题。对付这问题，关键的一步看来是要承认我们称之为"情景"、"信息"和"意义"的三重区分。这里的：
>
> "情景"是指非语言的语境，包括所谈到的个别事物；
>
> "信息"是关于情境所要表达的想法……；
>
> "意义"是指某一语言所实际提供的较小数量的表达单位（communicative units），由该语言中的特定信号（signals，即指"能指"——程）表示。

（Diver 1980：4）

在戴佛看来，语言系统本身并不足以完成它所要做的工作，它必须依赖智力的参与（Diver 1984：1；1990：1）。他认为，语言是用来指点信息的，也就是让听话者能从它的意义中推出当前语境下它所传递的信息，推出的信息可能与表达的意义有很大的不同。

说话人所要表达的信息是无穷无尽的，但是他能够用的却只是"某一语言所实际提供的较小数量的表达单位"，因此语言表达所起的作用通常只是点一下所要传递的信息，让听话人结合情景通过智力活动，主要是推理，去领会那信息。而一旦推理介入，自然就能从不同的意义中得出相同的信息，也能从相同的意义中得出不同的信息。

我们先来看一些简单的语言用例。

女孩子的朋友邀请她去看电影,她说:

(1)天在下雨。

这话当然是有意义的,因为它指的是一个降水过程正在进行,而且我们可以假设是事实。但是,同样明显的是,这并不是那女孩想要传递的信息,因为首先,是否下雨与话题无关,其次,她的朋友大概也像她一样知道正在下雨。因此她的朋友就得琢磨她的意思,而且他在这样做的时候还得费些劲,因为女孩在这里说的话比时常举的例子<u>我明天有堂考试</u>更隐晦一些。根据她朋友对她的了解,可能得出婉拒的结论,但也可能理解为要他叫辆车。他得凭着自己的理解作出反应。

又如以下这句话:

(2)Your hand, please. ([直译]你的手,请。)

这是个缩略句,然而有它本身的意义:说话人要听话人把注意力转到他的手上。然而这句话在不同语境下却能传递全然相反的信息:在医生伸出手来等候着的情况下是'把你的手伸出来',在听话人的手遮了光的情况下是'把你的手拿开'。这句话所以用英语,是因为汉语中没有这样的"表达单位"(不习惯说<u>你的手,请</u>,或<u>请,你的</u><u>手</u>),必须省去<u>请</u>字,说<u>你的手</u>,才能推出与英语中相同的两种信息。这说明虽然推理的能力是人类共有的,但语言推理却是在语言表达的基础上进行的。

既然如此,可以得出结论,以上两句话在各自的语境中,都既有自己的意义,又传递不同于意义的信息。这就意味着,语言有它自己的形式,那就是它的符号的"能指"及其组合,语言也有它自己的内容,那就是它符号的"所指"所表达的意义;而具有自己形式和内容的语言,在使用时又作为形式,与另一个内容相结合,这个内容就是说话所传递的信息。所以,我们在语言使用中涉及的是个双重的形式和内容的结合,可用下表来表示:

形式（能指，或称信号）

形式 语言

内容（所指，或称意义）

听/说者
头脑

内容 信息

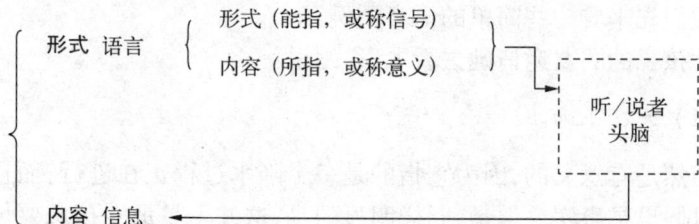

意义和信息之间的联系并不是在语言系统中或其他任何地方预先规定的，而是分别由听说双方在具体的语境中导入和推出的。表一中所示，是符号进入听者的头脑，所传递的意义经过处理得出信息的途径。在成功的语言交际中这也是说话人预期到会得到的效果，所以他才采用这样的语言表达。

对语言表达作这样的理解，并不是说意义和信息一定不一致，也就是说并不意味着说话一定要有转义或言外之意。但这确实意味着每一个语言符号必须通过头脑以求作出解释，因为即使是按直义理解的句子，也需要联系语境把词语所表达的一般都较抽象的意义理解为具体的信息。这就有别于通常所说的语用学观点，因为一般认为只有在按字面意义解释受阻时，才需结合语境求得语用解释，而我们说实际上所谓按字面意义理解的直义句，同样需要经过推理理解。不妨再看一个简单而且常用的句子：

（3）John's book is full of horrible mistakes.（约翰这本书充满了可怕的错误。）

要理解这句话，至少要对-s, full 和 horrible 这三个语言符号进行推理解释。假使我们知道约翰没有出过书，那么我们推定-s 在这句中表示'所有'，也就是说 John's 的意义是'约翰拥有的'。而假使我们知道约翰写过一本书，那么我们首选的解释将是'约翰写的'。其次，由于我们知道对书本的要求是应该没有错误，同时又知道没有一本书是全部由错误组成的，因此我们对 full（充满的）一词的词义作推理而断定，这里所说的'满'不同于说空罐头里充满着空气的'满'，而是说数量较多随处可见。再则由于我们知道，错误并非真的龇牙咧嘴令人望而生畏,它的可怕之处在于它的严重性,所以这里说的 horrible mistakes(可怕的错误)是指'严重错误'。

以上所述,是例(3)作为一个按字面理解的直义句所要求的推理解释,和(1)、(2)推出不同于字面理解的信息有所不同。一般不觉得(3)需要推理,就因为它传递的信息是与意义相符的,我们在理解它时所作的三项推理,只是根据语境将语义加以具体化而已。更有许多句子连具体化也谈不上,譬如教师指着黑板说:请看黑板上的句子。在课堂环境下,这句话的含义似乎是显而易见的,但是从理解过程来说,也必须通过语境来检验:请看应该是'请你(们)看'的意思,在课堂环境下这是适于教师说的,显然可按原义接受;同样,在黑板上确实写有一个句子,或虽然写有不止一个句子,但能确定指的是哪一句或所有各句时,黑板上的句子才能肯定它用于原义,而不是指黑板上投影机屏幕上的句子。因为如果黑板上没有句子,这句话也能作这样的理解。所以这个很直观的直义句,理解起来也需要经过推理。

句子是否按直义理解,并不取决于句子的结构,而要取决于语境。仍以(3)为例,如果以上把它当作直义句所作解释在话语中显得并不连贯,而语境是讨论约翰的提升,那么也可能推出说话人要传递的信息是反对提升约翰。因此我们说,不仅直义句和转义句都需要推理解释,而且表达字面意义并不是说话的目的,说话人估计听话人会从所给予的信号中推出的信息,才是说话的目的。换句话说,说话不是简单地把心里要说的话,转成有声的语言说出来而已,说话是在特定语境下创造性地找出适当的信号,或如戴佛所说的表达单位,使听话人接收到这些信号后能领会说话人心中要说的话。

听话人在接收到一串信号的同时,正如索绪尔所描写的,将它们分割成一个个语言符号,即通常所说的词和表示它们之间关系的联系成分,并把它们串联起来,以便理解整句话语(utterance)所传递的信息。这样做,他需要语言系统的知识,同时也需要广泛的世界知识和具体的语境知识,以便从中提取必要的前提,对语言系统知识在理解的各个层次上所提出的结论进行检验,有歧义时进行解歧,有缺少的意义环节时进行补足,当句子的解释受阻时推出转义的理解,无需作转义解释时按直义理解。说话人做的是选择一串他认为足以表达他的意思而又能为听话人所理解的信号,他的成功程度常取决于他对听话人世界知识和语境知识的估计是否正确。

语言理解中所涉及的推理和解释,一般认为是语用学的研究对象,而语用学对于纯正的语言研究而言只是一门边缘学科。这是建立在语言系统独立论基础上的观点,一旦证明语言系统本身不是一个界线分明、一切都一清二楚的系统,而相反是不能独立于人的智力活动,而且语言使用的每一个层次上都需要思维的参与,那么语用研究就成了语言研究的一个必要的有机组成成分。

1.2 "能指"的确认

语言符号由"能指"和"所指"这互相依存的两面所构成,这一论断虽已被普遍接受,要全面论证却并不容易。首先需对作为物质外壳的"能指"进行确认,然后再看与它相结合的所谓"所指"到底是什么。

20 世纪的大部分时间中,语言学家都把注意力集中于"能指"的研究。他们希望把这物质的方面研究透了,自然就能到达符号的另一面,从而使语言学摆脱臆测,成为一门真正的科学。他们的研究成果确实十分重大,但就在获得这些成果的过程中,日益显示出,仅靠对"能指"作形式的分析,不可能了解语言交际的全部过程。

为了说明"能指"研究的复杂性和所取得的成果,不妨回顾一下对"能指"的认识是如何步步深入的。让我们拿一个最简单的符号,英语中表示名词'复数'意义的语素-s 为例。它的"能指"是/s/,所指是'复数',或者用图解是:

表二:

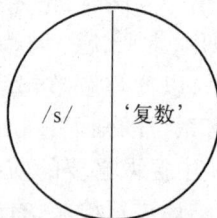

但是大家知道,实际上表示'复数'的远远不止一个-s,所以,要论证上述"能指"和"所指"的结合确实是英语系统中的一个符号,统一地传递着名词'复数'的信号,那么必须说明,-s 的各种具体发音,如[s],[z],[iz],甚至发音毫无关系的[rən](如 children),音变(vowel shift)(如 u ~ i：foot ~ feet)等,其实都是同一符号的"能指"。在数十年过程中,结构主义语言学家就致力于论证:语言系统中起作用的不是物理的音,而是各种对立关系(opposites),因此同一个音义结合体的各种不同形式,由于它们不是对立的,而是互补的,所以都是这个结合体在英语语言系统制约下的各种具体体现(realization)。以下详细讨论这个问题。

1.2.1 在对"能指"的研究中,首先一个最重大的发现就是:对语言而言重要的不是物理的声音,而是语言的音系(phonological system);音系的单位是音位,而音位经常是以它变体的形式出现的,所以"能指"是音系学现象,而不是语音学现象。

根据音系学,语言形式最低一层的基本单位是音位,而我们在说话中所发具体的音,是各个音位的有规律的、由音系所规定的变体。例如,英语中的音位/p/,由于出现的位置不同,可有各种不同的变体,即体现为[pʰ],[p],[p']等(如分别见于以下各词:play[pʰlei], split[split], slip[slip']。因此,虽然[pʰ]和[p]在汉语中是两个音位,因为它们能够区分意义,或者说并不互补(试比较:他很怕[pʰa]和他很霸[pa]),但在英语中,同样这两个音却是由位置所决定的变体(重读音节中发[pʰ],非重读音节中发[p]),称音位变体,因为它们互补,并非对立体,不改变意义。通过英语和汉语的对比,就能看出,对语言系统来说,起作用的不是物理的音,而是具体的音在音系中是否构成对立。

英语中有些音位的变体比/p/更多。例如音位/t/就能体现为[tʰ](table),[t](stable),[t'](right),[t](tree),[ʔ](lightning)等。相反,/m/,/n/,/s/,/z/等音位则没有明显的变体。音位是抽象的,没有办法把一个抽象的音位发出来,能够发出的音只是它在某种条件下的变体,这正如房子的概念是抽象的,无法看到,能够看到的只是个别的、各不相同的房子。这种关系在哲学上叫做"一般与个别的统一",房子的概念是一般,具体的房子是个别,音位是一般,音位变体是个别。

事实上,一个音位变体的发音,由于发音的人不同也总是有所不同,甚至同一个人在不同的条件下发音也会不相同,所以一般与个别相统一的原则在个人发音的层次上也适用。不过因为这里涉及的只是发音位置和发音方式上的细微差别,或者是音色和音强等个人特点,所以语言分析一般到音位变体为止。(关于区别性特征的分析这里不谈,因为它们还是要通过音位才起到区别意义作用的。)

1.2.2　然而,人们刚一确立一些成对的清浊辅音如/s/和/z/,/t/和/d/,说它们在例如英语和俄语中均为具有区别语义作用的音位时,马上发现这些语言中仿佛随处都有反证。举例说,英语中有［buk-s］(书—复数)和［bʌg-z］(臭虫—复数),也就是说［s］和［z］的意义都是"复数",岂不是［s］和［z］没有区别语义的作用,纯粹由同化(清音后和浊音后)来决定它们的应用,这样,/s/和/z/是两个不同的音位的说法不是破产了吗?　同样,［kuk-t］(煮—过去时)和［kuːl-d］(变凉—过去时)中,［t］和［d］既然表示同一意义('过去时'),似乎也不是两个音位。在俄语中,词末的浊音都要清化,因此［sat］(花园—单数主格)和［sada］(花园—单数生格)中的［sat］和［sad］没有区别,都是'花园'的意思。这些例子似乎都表明音位不一定区别意义。假如这样,音系学的基本假设就站不住了。所以提出了各种理论来解释这一"不规则现象",例如布拉格学派的超级音位(archi-phoneme)说,美国描写主义学派的语素音位(morphophoneme)说,生成音系学的系统音位(systematic phoneme)说等。

其实,这种所谓的"不规则现象"只是表面的,它非但不影响音位理论的完整性,反而有助于深入揭示语言的系统性。语言系统是层次性的,也就是从个别语音到成篇说话分成音系、语素、词汇—语法、话语这几个层次。每个层次上的单位都是一般与个别的统一体。音位是音系层上的单位。它作为一般(抽象的音,或如索绪尔所说的"声音形象")与各个个别的音位变体构成一般与个别的统一关系。

音位本身没有意义,但能够区别意义,不过音位这个区别意义的作用必须通过它的变体来实现,因为音位本身是抽象的,必须体现于某一个变体,而同一音位的各个变体相互之间并无区别语义的作用。因此,例如在 sip(啜),zip(拉拉链),dip(浸),tip(轻击)这样四个词中,s, z, d, t 都出现在词首及 ip 之前,可见它们的出现是"自由"的,即并不取决于任何语音条件。再经过在非词首的其他位置,以及其他元音和辅音前和后,也都检验了 s, z, d, t 的区别功能之后,它们就能确定为具有区别意义功能的音位。至于例如俄语的[sat]和[sad]在一定条件下意义相同,那不是本身没有意义的音位不区分意义的问题,而是本身有意义的两组音([sat]和[sad]意义均为"花园")异形同义的问题,它们体现了语素层次上的一般与个别的统一。因为本身已经有意义,所以不是音系层而是语素层的问题。

语素系统(morphological system)是音系以上的层次,它的单位是语素(其实应该称形位)。语素也是一般与个别的统一体,它不同于音位的是不仅能区别意义,而且本身也有意义,因此语素定义为最小的音义结合体。既然如此,语素这一同一体的检验标准也就不仅是音位,而是整个音义结合体。例如上面已经提到过的俄语中的[sat]和[sad],以及英语中的[waif](wife,妻子—单数),[waiv]([waivz](wives),妻子—复数);[risep]([risepʃən](reception),接受—名词)[risiːv](receive,接受—动词)这样三组语素,各组意义相同,形式有差别,但这些差别都是由一定的条件所决定(详见以下 1.2.3),也就是说在一定条件下互补的,因此确定每组中的两个音义结合体,不是不同的语素而是同一语素的变体。

语素没有一定的长度,一般有几个音位,但也不排除一个音位也能成为一个语素。[ai]可以是一个音位(即 i),也可以是一个单语素的词(即 I—'我'),也可以是一个句子(如说:I! —'是我')。这样就更进一步说明了英语中[s]的问题:在音系层它是一个音位,它能改变意义而本身并无意义,在语素层它又是个单音位的语素,它和[z][iz]等作为同一个语素的变体,意义都是'复数'。同样也就说明了[t],[d],[id]等都是'过去时'的语素变体。

1.2.3　通常认为语素都有一个"正体",与常用书写形式相符,而正体与变体之间具有音系联系,也就是说变体都是在一定的音系条件下形成的。其实从一般与个别统一的观点看,"一般"只能体现于"个别"之中,不可能在具体的"个别"之外还有一个抽象的"正体",若是为方便起见将"正体"权作最常见的变体来理解,那是另一回事。变体之间均有音系联系的说法,虽然与索绪尔说的"能指"为"声音形象"相接近,却远远不足以解释语言符号的系统性。因为,要说语言符号是一个"能指"和"所指"的结合体,就必须把所有各种条件影响之下形成的变体,不论是否有音系上的联系,都包括进来。

总的说来,语言中可能有音系、语素和语体三种条件所形成的变体。如以上引过的例子[sat]和[sad]是音系条件决定的变体,因为词末的浊辅音要清化是俄语中的音系条件。[waif]和[waiv]是语素条件决定的变体,因为单数以清音结尾,复数以浊音结尾是这一个语素的特有条件,其他以[f]结尾的语素没有这个条件,所以并非英语中的普遍音系条件;[risep]和[risiːv]也为语素条件所决定,即[risiːv]这一语素要求在构成动名词时,把其中[iːv]改成[ep]然后再加名词后缀[ʃən]。又如口语中常将 doing 说成 doin',这里的[iŋ]和[ən]体现的是意义为'进行式'的语素,而制约这两种变体的是语体条件,前者用于正式语体,后者用于非正式语体。

不妨仍以英语中的/s/与'复数'为例,来说明语言符号的系统性要求把各种条件制约的变体都包括进来。我们知道,英语中表示'复数'的后缀很多,其中许多不能用音系条件的制约来解释,如 child(孩子)的复数不加-s 而加-ren, foot(脚)的复数为 feet 等等。如果这些不同形式的'复数'语素都是随便用的,那么就没有什么统一的"/s/与'复数'"结合的符号可言,但它们既然都是在某种条件下互补的,那么就没有理由因为不是音系条件所制约的变体,而否定它们为-s 的变体。美国描写语言学派通过对制约条件作细致描写而确立:例如 children 中的-ren, sheep(羊)(单复数同形,此处看做复数)中的-0(零形式),foot ~ feet 中的 vowel shift(音变,即 u ~ i), cherubim 中的-im, formulae 中的-ae, data 中的-a,均为-s 的变体。历史地讲来,-im, -ae, -a 为希伯来语或拉丁语的后缀,但既然它们用在当代英语中,受英语系统的制约,具体说来是受语素条件的约束,即一些特定的语素构成复数要用这些特殊的后缀,而不用-s,即在这些特定的语素后-s分别与-im, -ae, -a等形成互补关系,所以它们都是同一语素的变体。近年来,formulae正在形成一个适用于口语的形式:formulas,由于后者在正式语中还罕用,所以这个词中-ae和-s受语体条件约束,-ae用于正式语体,-s用于非正式语体。假如有一天-s成了通用的复数形式,那么formulas这个词就和一般名词相同,假使还有人用-ae,反而成了古老形式。

因此,英语中的一个简单的语素-s,它的"能指"不仅是-s,也不仅是与-s有音系联系的形式,而包括以上所述各种关系的全部。这才是语言"能指"所体现的一般与个别关系的真正内容。可列表如下:

表三:

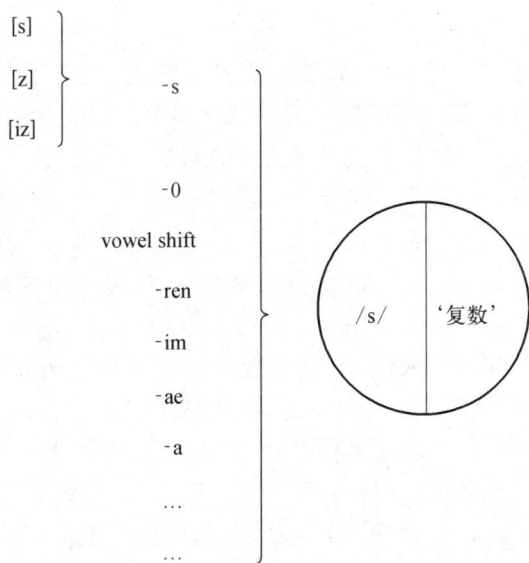

"能指"的体现   "能指"   "所指"

表三显示,"能指"和"所指"不是简单的一对一关系。"能指"是符号的物质方面,但它不能简单地靠物理的音来认识,而需要在物理

音的基础上通过语言系统作用的分析,才能揭示它的一般与个别统一的关系。变体的形式差别完全可超出声音形象所可以允许的范围,因为语言中直接起作用的不是语音,而是建立在各种对立关系上的系统。

1.3 "所指"的多样体现;概念和"所指"分离

虽然美国描写主义把注意力集中于语言形式,希望一旦把错综复杂的形式问题解决透彻,意义问题也就迎刃而解,而且一些有影响的学派至今还是这样想的,但研究的结果表明这样的期望并未能成为事实。而且,还有两个理论问题也无法回避。第一个是"所指"究竟是否与概念等同? 第二个是,通常认为词的"所指"由概念所构成,但是同一语言的不同说话者用这词时,概念是否全都一样? 同一说话人在不同时间和地点用这词时,又是否始终如一?

1.3.1 先看第二个问题。只要我们没有偏见,就不难看到,一个词在头脑中唤起的概念,可以因说话人不同而有相当大的差别。例如上帝就是这样,取决于说话人是否信教,信什么教,它可以指宇宙和生命的唯一创造者,也可指世界的主宰之一,超自然的力量或一种崇高的品质(上帝是爱),等等。一个教士和一个无神论者讨论上帝的存在时,可以意识到自己和对方对同一个词所赋予的不同概念。

这种概念的不一致性,不仅表现于抽象事物。例如鲸所指的是实物,即一种生物,而且我们知道,它虽然生在水中,却是哺乳动物。然而还是有人没有学过这条科学知识,或者虽然学过却已经忘了,所以对他们来说鲸是鱼。因此有两种人,他们都认识鲸这个词,而且唤起的概念在形象和一般行为上也都相同,因此要他们指认一条鲸时,他们会得出相同的结论,但是假使要他们把鲸归类时,分歧就会显露,因为对其中一部分人而言鲸的概念有[＋哺乳]的特征,而对另一部分人而言它有[＋鱼类]的特征。也就是说他们所唤起的概念是各不相同的。

我们一般倾向于认为,我们对常用物,如房屋、桌椅的概念,必然是相同的。这在绝大多数情况下当然是对的,但是没有一个人能说清,他对'桌子'的概念止于何处,'非桌子'的概念又始于何处。毋宁说这条界线,即使对同一个人也是模糊的或不稳定的:有时候他会把一块他经常在上面用餐的岩石称为桌子,在其他时候它又是'非桌子'。

这些是不是都由于词汇的不确定性所引起? 也许语法概念对所有说话者都是划一不二的? 美国描写主义的传统正就因对以上两个问题都作肯定的答复,所以把注意力集中于语法,而将词汇降到一张附表的地位。对语法和词汇所采取的这种厚此薄彼的对待办法,是没有根据的,因为首先,词汇不是用一张词汇表所对付得了的,词汇是语言的重要组成部分,不应加以忽视,忽视了就不成其为语言学,而充其量只是语法学,其次,语法概念也不是划一不二,而是有不同体现的。以下举几例说明语法概念的不一致性。

汉语中的代词实质上是不分有生无生和阴阳性的,因此第三人称单数口语中都是[ta],虽然近代在书面上分别写作他、她、它,它们只是书写系统里的区分,不是语言里真正的对立。但英语的语言系统里就区分 he, she, who 和 it, which 等。一般认为区别在于性别与有生和无生,这显然不妥,因为动物、虫鸟虽然有生却仍用 it 指代。于是说区别在于人与非人,即[+human]和[-human]。然而漏洞并未就此堵塞,因为有不少人认为高等动物或与人类有密切关系的动物,应该以 he 或 she 指代,而且如果我们再联想到不容易区分性别的婴儿可以 it 指代,那么似乎可以说:性别已明或易明者用 he 或 she 指代,不明显者用 it。然而还是不行,因为按照奎克等人所著语法(Quirk *et al.* 1985:5.110,6.8)的说法,非高等动物可当作高等动物看待,非生物可以拟人化,并举了例子:gold-fish who swim around(环游的金鱼),bees who are busy(忙碌的蜜蜂),以及用 he 指代计算机,she 指代汽车(某些女人则用 he)。既然如此,要为这些代词确定一个普遍适用的概念作为"所指",显然是困难的。实际上英语使用者对这有生和无生两套代词有不同的概念,并不统一。有人认为区别在于[+human]和[-human],按人与非人的标准行事。有人则认为关键在于性别明显与否,所以如家里的宠物,当然就要以 he 或 she 指代。也有人可能认为不同的感情是区分标志,强有力的是 he,所以用它指代计算机,可爱的是 she,所以用它指汽车。不仅不同的人可能有不同的概念,同一个人也可能在不同的语境中采用不同的概念。例如一个人通常可能严格遵守[+human]和[-human]的区别标准,计算机也用 it 指代,但指汽车时却总称 she,这就是特殊语境中的概念转换。这种转换虽然与文学上的借代手法性质相似,但因为不是个人的即兴创造,而是语言里部分人的约定俗成,所以是语言的应用而非文学创造。其他如以 she 指代国家和船只,也是同样的语言现象。因此我们说 he,she,who 和 it,which 所表示的语法概念并不是划一不二,而是有不同体现的。

再如,英语中的'复数'是什么概念?戴佛断定-s 的意义为'非一',即多于一或少于一时均需用-s,并举了这样的例子:

(4) You can't add three apple-s, and .75(point seven five)orange-s.
（3 个苹果与 0.75 只橙子不能相加。）

(Diver 1984：11—10)

何沱(Hirtle 1982：44)也不约而同地谈到这个问题,看法与戴佛相仿,他举的例子是:

(5) 1 gram(一克)
.5 grams(0.5 克)[是不是因为有"5",所以用-s?]
.1 gram(s)(0.1 克)[用不用-s,似不统一]
0 grams(零克)

（转引自 Reid 1991：82;方括号内为何沱原注）

然而,里德(Reid 1991：83)却对断定-s 的"所指"为'非一'提出质疑,他认为我们教少年儿童学的不是'非一',而是'多于一',而这"恰好符合英语用法"。他的结论是,何沱的例证是学究式的用法,在理论刊物以外是不通行的。这样的批评其实并不公正,因为收音机里就经常能听到 zero hours GMT。美国人确实可能更多说 zero hour,但至少 Colgate 牙膏广告中写的就是 zero cavities(零龋齿)。我曾就正于澳大利亚学者 Christian Matthiessen,他也证实了 zero hours 和 .75 apples 的用法。但是里德说'多于一'也不仅运用自己的语感,而作过一番调查。所以这一切都指向一个自然的,却少为西方学者提到的解释:不同的说话人对-s有不同的概念,有的是'非一',有的是'多于一'。再如,汉语中的第一人称复数代词有包容式和非包容式之分,即咱们和我们。但是,许多人的说话习惯中并不区分这两种用法,一概用我们。因此汉语中的我们有非包容式和不区分包容与否的两种复数第一人称意义。你也有类似的情况,有人区分你和您,有人不区分,因此汉语中的你可有非尊称的意义,也可有同样适用于尊称与非尊称的无区分第二人称单数意义。

以往总是朝着语言系统的划一性方向想,所以倾向于把上述之类的非划一性归结为方言区别,除了地域方言之外再行区分年龄、阶层等等的社会方言,力图在某个层次上得到划一。但是不难想象,要靠划一条地域、年龄或阶层的线来解释上述各种不同的用法,显然是困难的,结果只好归结为"个人方言",这已经是很勉强的说法。但个人在例如我们和咱们,你和您的用法上也时常不一致,这就使追求划一解释的语言学陷入困境。相反,假使我们认为语法符号的"所指"也是一般与个别相统一的,那么 he 和 she 区别于 it 的,既可能是[+human],也可能是[+性别特征明显]或[+能激起感情];-s 表示的既可能是'非一',也可能是'多于一';我们表示的既可能是'非包容式复数第一人称',也可能是无区分的'复数第一人称';你既可能是'单数第二人称非尊称',也可能是无区分的'单数第二人称'。其实,概念本来就是一般与个别统一的经典例子(参考亚里士多德论'房子'),与概念密切相关的"所指",因此也是个别与一般相统一的,这可以说是理所当然,反而寻求划一,倒反映出是机械地理解"能指"与"所指"的结合。

总之,正如"能指"能由不同的声音物质来体现一样,"所指"也能指向不同而有联系的概念,这些概念在该语言系统中构成个别与一般的统一体,它们的具体区别由说话人的意识(理解力)来完成。

这样,符号的"能指"和"所指"两面都是一般与个别相统一的,若以鲸和-s为例,可以用下列图表来表示:

表四：

能指的体现　　　　能指　所指　　　　所指的体现

jing　　　　　　　　　　　　　　　　　[＋哺乳类]

jing　　'鲸'

jingyu　　　　　　　　　　　　　　　　[＋鱼类]

能指的体现　　　　能指　　　所指　　　　所指的体现

[s]

[z]　　-s

[iz]

-0

vowel shift

/s/　　'复数'　　　　　　　'非一'

-ren

-im　　　　　　　　　　　　　　　'多于一'

-ae

-a

…

…

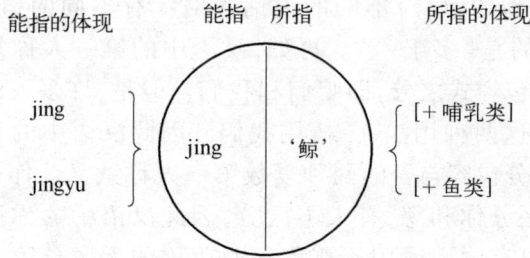

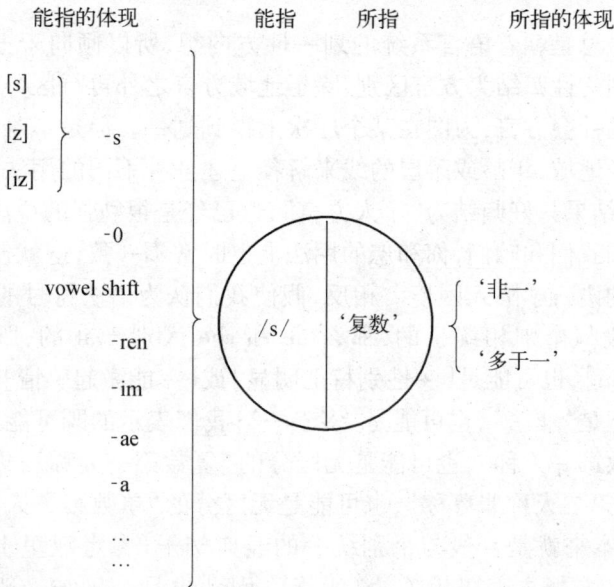

以上两张表显示，只有从一般与个别统一的观点来看待"能指"和"所指"，才能看出【s/复数】确实是英语中表示复数概念的符号，【jing/鲸】是汉语中表示'鲸'这概念的符号。"所指"的不同体现，不仅是一个事实，而且也是必需的，因为假使对鲸的不同概念，以及对上帝的不同概念，都要用不同的词来表示，这语言将不仅十分难学，而且学会了也无助于沟通思想。原因是连一些十分简单的句子，像"你我对上帝的概念各不相同，但上帝只有一个"，也将无法表达，因为既然没有共同接受的表示上帝的词，也就谈不上"对上帝的不同概念",既然没有共同概念的上帝,而只有各不相同的上帝,那么,"上帝只有一个"的上帝该用指谁的上帝的词才好呢? 可见没有一个含义模糊,谁都可以作不同理解的词,反而连起码的讨论也进行不了。奇怪得很,为了弄清思想,语言必须允许模糊。

1.3.2 我们对"所指"的探讨还不能到此为止,因为我们还没有明确"所指"和概念的关系。索绪尔的书中曾在图解中把"概念"和"音响形象"作为语言符号的两个方面,并且指明:"arbor 之所以被称为符号,只是因为它带有'树'的概念"(索绪尔 1982:102),接下去他就引入了我们现在常用的两个术语:"用'所指'和'能指'分别代替'概念'和'音响形象'。"所以要这样代替是因为通常说符号时只指音响形象,而"所指"和"能指"这两个术语"既能表明它们彼此间的对立,又能表明它们和它们所从属的整体间的对立"(同上:1982:102)。索绪尔明言符号"带有"概念,符号是概念和音响形象的结合而不仅是音响形象,这是一大创见,以上表一中双重"内容"的分析就是反映这一见解的。但符号"带有概念"是否就理解为概念存在于符号之中? 概念与符号之间存在一对一的关系吗? 符号之外是否存在概念,如何存在?

不管索绪尔是否认为"所指"等同于概念(索绪尔的书不是自己写的,无助于作这种细致的推敲),至少有两方面的考虑使我们相信这不是事实。"所指"既不等同于概念,也不是它的体现,"所指"的功能是指向概念,给它一个名称。

第一方面的考虑是,有些概念很复杂,内容包含很多命题,很难想象它们能作为"所指"塞进一个符号(词)之中。许多政治和科学用语,都是这样的情况。例如资本主义和社会主义,它们的定义至少要用上一句较长的话,牵涉一系列概念。显然很难说是一个词的"所指"。再看科技用语,除了不同观点之外,这里还多了一个认识与懂得的问题。例如离子这词是我认识的,并能将它翻译成英语:ion,而且我也能正确翻译离子的发现具有重大意义这样一句话,但是对离子是什么,我其实并不懂得。假使"所指"就是概念,我怎么可能认识一个不知其概念的词呢? 倒过来又怎么能说我不认识一个我能用来正确造句和翻译的词呢？要是判定我不认识离子这词，岂不意味着也要判定认为鲸是鱼的人不识鲸字，而有神论者和无神论者都要相互判定对方不识上帝这词？显然这是不可能的，所以必须承认我认识离子这词，因为知道它指向被称为'离子'的概念，但是我对'离子'这概念只有模糊的意识，并不懂得。

第二方面的考虑是，同一个概念显然可由不同的词来表达。这和是否有真正的同义词，是可以区分清楚的两个不同的问题。自行车、脚踏车，是汉语中普遍通用的同义词，前者多用于书面及正式语体，后者多用于口语，单车用的地域范围窄些。因此可以说它们并非真正的同义词，因为词义是包括方言色彩、语体含义等附加意义在内的，既然这些词有"书面"、"口语"、"方言"等内涵意义加以区别，当然不是完全的同义词。但是，探讨这些词所表达的概念是否相同，那是个不同的问题，它是纯粹从概念是否相同的角度看的。那么必须承认，自行车、脚踏车、单车所表达的是一样的概念，不会因用的词不同而唤起不同的自行车概念。正如英语中的 policeman 是'警察'的正式名称，但在口语中美国常称 cop，英国常称 bobby，因此这三个词之间也有语体和方言的含义区别，不是完全的同义词，但它们所表达的概念是一样的，不能说 policeman 表达的是更正式的'警察'概念，cop 和 bobby 表达的是非正式'警察'概念，因为这样的区别根本是不存在的，无非是指相同的一个或一种类型的人，根据说话人的方言、教养和他对语体正式程度的判断，而在这三个（事实上还有许多别的）同义词中选用他所认为最合适的。

同一概念具有多种表达，在语言中是常见现象。以上在汉、英语中各举了一个同义词的例子，其他如肥皂和胰子，火柴和洋火、取灯，土豆和洋山芋，西红柿和番茄，以及英语中的 bicycle 和 bike（自行车），luggage 和 baggage（行李），radio 和 wireless（无线电），都属语义有所区别，但所指概念并无区别。如果把同义词组也包括进来，同义表达的范围更要扩大许多。例如 football（美国人用以指美式足球）和 American football（美式足球），to faint 和 to go off in a faint, to pass out（昏厥），外国人和老外。有些同义词语本身另有所指的概念，只是借来指另一个概念的,如死有许多婉转语,像汉语中的过去、去等,英语中的 to pass on, to pass over, to pass away, to pass 等。它们表示的概念都不是'死',而可概括为'曾在这里但已离去',只是在特定的上下文中借来指'死'的概念,但借用得多了,这条途径也就为人们所熟悉,成了语言中固定的用法。

我们在这里说的是同义词可能表达相同的概念,但并非所有一般所说的同义词都表达相同的概念。例如很容易想到死的同义词逝世、去世,但是死适用于所有生物,逝世和去世只适用于人,可见它们所指的概念是'(指人)死亡',有别于笼统的'死亡'。

有一个现象是普遍同感的,即我们时常会感到有一个想法,却没有言词来表达。我想这是因为一个想法产生之初,可能像感情和知觉一样是一个不明晰的心理过程。究竟是否如此,暂且留给心理学家去研究。语言学关心的是,如果要对这想法进行交流,或者进行逻辑思维,那么不可避免地要给予它以语言形式。语言是正常人唯一的或至少是最方便的思维工具(所以说正常人,是因为我对天生的聋哑人的思维没有研究)。因此,概念虽然不必一定与某一词结合,但在整个某一语言的范围之内,它必须至少有某个词或某个词组或某种表达法来指称它。我们一时感到有想法但无法表达,只是因为没有找到合适的词语来指称。如果真正没有,那就要创造新的词语了①。否则不但别人无法知道你的想法是什么,连你自己也不能认定有了什么明确的想法。换句话说,就语言整体而言,概念是离不开语言表达的,但是正如以上各个例子所示,同一概念可由不同的词语表达,同一词语也可表达不同概念,可见概念和具体词语之间并没有不可分的关系,而是可分的。因此"所指"不是概念,而是指向某个概念的一种功能。这样来理解词与概念的关系,不仅解决了一词多义的问题,而且说明了对同一概念有不同理解的人之间,是如何进行语言交流的。

从"所指"的功能在于指向某个概念看,表四应修正如表五:

---

① 欧洲语言中新概念一般用"词组"来指称,汉语中则常用"字组"(程雨民 2003),真正创造新词或新字的情况很少见。

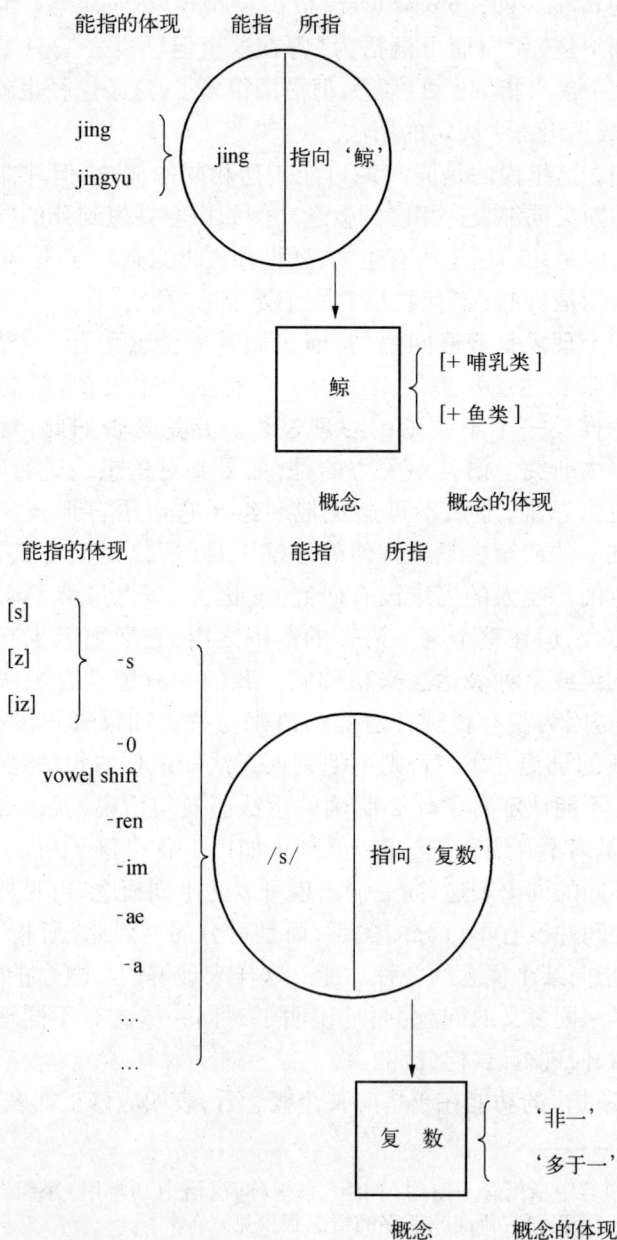

表五：

能指的体现　　能指　所指

jing
jingyu

jing　指向'鲸'

鲸　[+ 哺乳类]
　　[+ 鱼类]

概念　　概念的体现

能指的体现　　　　能指　　所指

[s]
[z]　　-s
[iz]

　　-0
vowel shift

-ren

-im

-ae

-a

…

…

/ s /　指向'复数'

复　数　'非一'
　　　　'多于一'

概念　　　概念的体现

而本节中讨论的,除了用同义词之外,还能借用有关的词来指一个概念的情况,则可以这样表示:

表六:

用同义词或借用有关的词指一个概念:

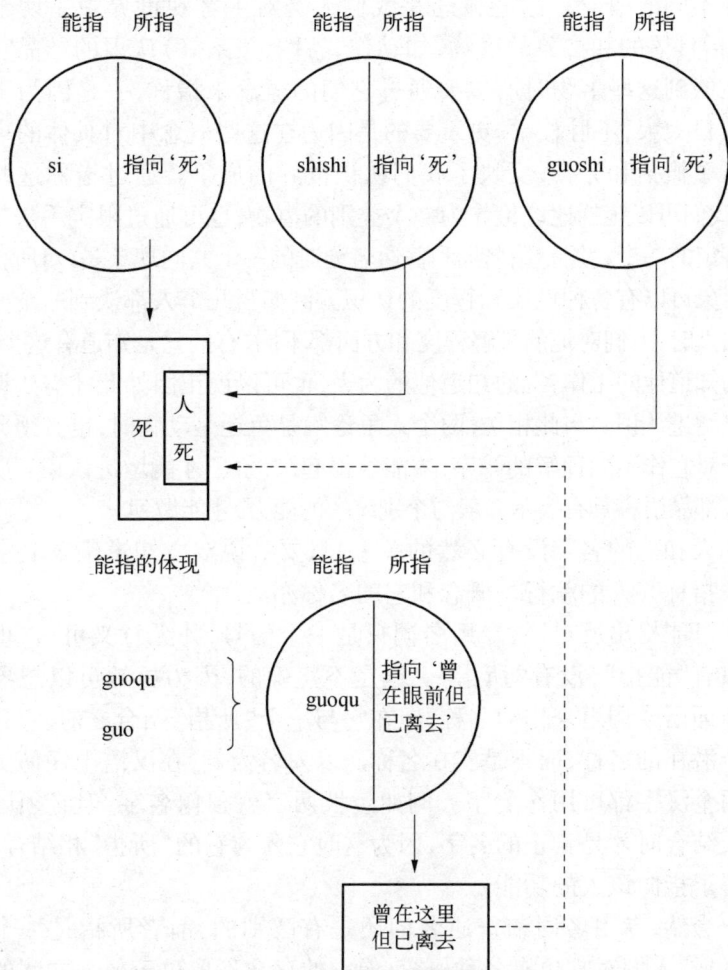

(说明:死指向总概念'死',<u>逝世</u>、<u>过世</u>指向总概念'死'中的一部分:'人死';<u>过去</u>及其变体<u>过</u>指向'曾在眼前但已离去',并沿虚线借指'人死'。)

　这样的分析也使我们看到,一般认为性质迥异的专用名词和普通名词,实际上作为语言的构成部分具有很大的共同性。专用名词指称一个人、地方、单位等,普通名词指称一个单纯概念或复合概念。我们可以用不同的名字称呼同一个人,也可用同一个名字称不同的人。同样我们可用不同的词语指称同一个概念,也可用同一个词语指称不同的概念。这些概念是我们人类对主客观世界中一切事物(包括具体的和抽象的事物,如动作、品性、关系等)认识的结晶。我们在谈到这些事物时所以要通过它们的概念来指称,一是因为事物的数目太大,不胜枚举,更重要的是因为在这些概念中对具体的事物进行了概括和分类,反映了我们认识世界的成果。通过指称这些概念,我们可以统括地谈论作为一个类别的事物,也可通过限定手法指其中特定的一个。用专用名词和普通名词时的一个共同现象是,对所指称的对象可以有各种性质和程度的认识。例如当几个人都谈到一个叫王五的人时,人们对他的了解程度和方面都不同,有的只是知道有这个人,有的知道他的工作,有的知道他的为人,也可以说正因如此才需要谈论他以增进认识。与此相仿,两个人争论鲸是鱼还是动物时,也必须同用一个对它作不同理解的<u>鲸</u>字,才能争得起来,争了才能增进认识。所有这些都靠语言具有表示一般与个别统一的能力,才能做到。

人和他的名字没有必然的关系,只要听说双方知道某个名字是用来指称某人的就行。概念和它的名称亦然。

可能提出反对说,专用名词只是一个信号,并无意义可言,也就是只有"能指",没有"所指"。这是不正确的,因为虽然可以想象用任何词语或词组来作为名称,但在它与一个"所指"结合之前,它只是一个潜在的名称,而不是实在名称。以人名为例,在汉语中任何一个或两个汉字都可用作名字。例如<u>陵坡</u>两字就很像名字,但必须同某个人结合时才是真正的名字,因为这时它才与它的"所指"相结合,即获得了指向该人的功能。

当然,专用名词和普通名词还是有区别的,前者所指是一个实体,虽然人们对它也有各种概念,但它的存在不取决于概念之间的相互关系,不取决于系统,后者所指是概念,而正如上面提到过,概念虽然不必依附于某个特定的词,归根到底却是离不开语言表达的,所以总体地讲来,概念的存在依赖于语言中的词语,假使没有鲜就没有

'鲜'的概念。但这是专用名词和普通名词所指对象的性质上的不同,并不影响它们作为语言符号的指示功能是一样的。

索绪尔关于符号是"能指"和"所指"的结合体,两者是相互依存、缺一不可的理论,是真知灼见,但不能简单化地理解为两者之间存在一对一的机械性互存关系。语言中既普遍存在同义词语,本节中已讲过,下节还将谈到同形异义也是常见现象。这两种现象还时常同时存在于一个词语身上,如英语中 cop 既与 policeman 同义,又作为同形异义词具有'管纱'(纺织用语)的意义,所以"能指"和"所指"的结合是要通过智能来理解的。

1.4 同形异义问题

上一节主要从"所指"的功能、"所指"与概念的关系,以及同义词的存在,讨论了语言符号的理解要依靠智力的参与。现在要探讨同形异义词的存在,也是为了说明,智力的参与是理解语言所不能缺少的。

主张形式分析的语言学家曾经努力要尽量把语言中的"同形异义"(homonymy)现象解释掉,因为他们想要证明,至少在语言系统的层次上,语言成分的确认不必依赖意义。

首先,一词多义有别于同形异义,因为多义词的各个释义都是从一个原始的意义演化来的,如 call 的释义很多,包括'呼唤'、'号召'、'访问'、'呼叫'、'通话'等,但它们都是从'叫喊'的原始意义演化来的。

写法(拼法)相同而意义不同的词也不是同形异义词,因为"同形异义"指的是有声语言中的形态相同,即发音相同。所以如 lead [liːd](名词:'引导')~ lead[led](名词:'铅');wind[wind](动词:'使通风')~ wind[waind](动词:'上发条')等,都是书面语中的同形词,而不是"同形异义词"。

相反,对发音相同,而书写上有区别的词,西方不太注意,因为一则理论上语言学研究的主要是口头语言,另外事实上他们用的都是拼音书写制度,同音异义而靠书写不同来区分的词很少,属于特例,可以忽视。例如英语算是拼写法比较保旧,因此同音异写词比较多的了,但也只有如 knead[niːd](揉、捏)~ need[niːd](需要);wright [rait](工匠)~ right[rait](正确的)等少数的词。其他语言中更少。

除此之外,形式主义语言学家还利用词形变化系统,尽量多地把同音词解释掉。如:I cannot bear such a bear 中,因后一个 bear 前可以用 a,也可以在它后面加-s,所以是名词,而前一个 bear 不能,但它却能变位为 bears-bore-born,所以它是动词。这样就没有依靠意义而把它们区分开来了,所以它们不是同形异义词。前一个是动词,释义是‘承受’,后一个是名词,释义是‘粗鲁的人’。

又如,英语中的后缀-s 有不同的意义,它既是‘复数’,又是‘属格’,又标志‘单数第三人称’。但作为‘复数’的信号或‘单数第三人称’的标志,可以通过它们分别具有的名词变化系列和动词变化系列来区分。然而如何区分‘复数’和‘属格’呢? 分析它们各自所属的个别与一般的统一体,是一个办法。因为【s/复数】如以上表三所示,体现为表七中的系列 A,而【s/所属】只有 s 的音系变体和零形式,即体现为系列 B,于是可以说:凡属 A 列者为‘复数’,B 列者为‘属格’。

表七:

系列 A:	系列 B:
[z]	[z]
[s]	[s]
[iz]	[iz]
-0	-0
vowel shift	
-ren	
-im	
-ae	
-a	
…	

但是,即使承认这些,语言中的同形异义现象依然是存在的,而且并非个别。以英语为例,如:ball(球/舞会),bank(银行/河岸),ring(环/铃声),top(顶/陀螺),light(明亮的/轻的)。它们不仅发音相同,而且用于两个意义时所属词的类别也相同(ball 无论作‘球’或‘舞会’解,均为可数名词,light 无论作‘明亮的’或‘轻的’解,均为性质形容词,有比较级和最高级,等等),所以变化形式也无区别,形态

完全相同。两个意义的区分，因此需要从上下文中推出，如 deposit the money in a bank 中 bank 是'银行'，on the right bank of the river 中 bank 是'岸'；a light room 中 light 是'明亮的'，light weight 中 light 是'轻的'，a light sleeper 中 light 是从'轻'演化而来的'易惊醒的'。这样，就证明，与形式主义者所希望的相反，即使单词的分辨也还是要依靠意识的参与。

到了汉语中，因为汉语与西方语言不同，在语素层就开始造句过程（参看程雨民 2003），而参加到字组构成中的同义语素的分辨，普遍要依靠对字组的理解，即不能靠形式，而要依靠意识的参与。例如我们一般都说，可以通过比较<u>工作</u>和<u>公平</u>来区分<u>工</u>和<u>公</u>。这是不错的。但这是什么性质的分辨呢？中国人因为从小重视方块字的学习，所以会认为是通过认字来区分的。但"认字"就是要学习字的形式和它所指的概念，遇到同音的字如<u>工</u>和<u>公</u>，就要联系它们所能组成的字组如<u>工作</u>、<u>工人</u>和<u>公平</u>、<u>公正</u>等来分辨，也就是要通过对比这些字组中的概念，推出两个同音的语素所指的不同的概念，这就要依靠意识活动。

如果不认字，而纯粹从有声语言的角度看，又是怎样的情况呢？作这样考虑不是纯粹的设想，因为不识字的人学汉语，这在中国过去长期的历史中是普遍存在的事实。不识字，但深谙事理，熟练掌握口头用语的人过去社会中不少，包括几乎全部女性。他们是怎样理解汉语的呢？他们从口头的<u>工作</u>、<u>工人</u>、<u>做工</u>、<u>打零工</u>；<u>公平</u>、<u>公正</u>、<u>办公</u>、<u>公事公办</u>等等中，经过比较和抽象，得出<u>工</u>和<u>公</u>所指的不同概念。这过程是与说英语的人从用到 bank 的各个组合中，得出 bank 所指的两个不同概念一样的，是要经过意识活动的。所以我们说无论通过认识方块字学汉语，或者直接从口语中学，只要有同音的字（语素）存在处就需要通过意识活动。

欧洲语言都在"词"一级开始造句，而汉语在"语素"一级就开始造句过程，语素与语素之间已经存在概念联系的关系（如修饰关系、动宾关系、动补关系等），比欧洲语言的"词"间开始具有概念联系关系早了一个层次。欧洲语言中大多情况下可以从形式上确认了"词"，再明确它所指的概念，只有"同形异义"词，如 ball, bank, light

等例外。而汉语中却要提早一个层次,语素就要明确所指的概念。同音的语素当然比同音的词多,这是各语言中都如此的,所以汉语中需要通过意识活动来确认的语言成分,比欧洲语言中如 bank 和 light 之类的词要多得多,可以说大多数构成字组的语素都是"同形异义"的,它们的分辨都依赖意识活动。这就更说明,形式分析虽然作用很大、很有需要,但不能解决全部问题,理解语言还需有意识的参与。

1.5 如何理解"所指"的功能是指向一个概念

根据一般的理解,不仅概念与词的关系固定不变,而且概念的体现(realization)也是固定的,那就是语法书里规定的某一语法形式的各种意义,和词典里规定的某个词的各种词义。现在我们否定"所指"和概念的一对一关系,认为"所指"的功能仅在于指向某一概念,那么应该怎样来具体理解这一功能呢?

1.5.1 不妨从大家熟悉,而且意义比较明确的语法形式着手,探讨这个问题。例如汉语中的的,或英语中表示属格的-s,都可以说指向一个统一而高度抽象的概念:'所属'。这个概念的体现极为多样,例如说<u>王五的相片</u>,根据上下文需理解为'拍王五的相片','王五拍的相片'或'王五拥有的相片'。与此相仿,<u>王五的书</u>可理解为'写王五的书','王五写的书',或'王五拥有的书',但在具体的情况下还可能理解为'王五编辑的书','王五装帧的书'等等。英语中-s 的理解,也与此相仿。上面所说在语法或词典中罗列各种意义,是面对语言成分的多义性,人们所自然会采取的办法,但这样做并不能反映语言中的实际情况,因为显然不可能把'编辑的'、'装帧的'也都作为<u>的</u>的意义编入词典,它们只是具体语境中的一种解释。随之而来的另一种处理办法是把的或-s 的意义定为一个很笼统概括的'所属'概念,说语言中所表达的只是这个概括的概念,适合语境的具体体现是听话人的理解。这是情景论的说法,它能够说明表面的现象:词指向概念,听话人根据词语的指向,理解出这个概念的具体的体现,但是并没有说明为什么这个具体的体现正好会是,例如说'装帧的'而不是'编辑的'。

一般认为这是一个听话人的理解问题，其实听话人的理解在正常交流的情况下都是受说话人先期控制的。这里牵涉到说话人如何选择表达形式的问题。他在说话时要做的不是像一般所想的把心里的话说出来，而是对当前的听者把要说的内容有效地传递。他必须估量对方，在对方可能不了解或想不到的情况下，他详细地说：王五装帧的书很有特色，因为不明言就不能明确传递信息，但是接下去他就会说：王五的书就是与众不同，因为既然对方必定了解，细说就太啰嗦不够有效。而在对方肯定知道所指的情况下，他可能一开头就说王五的书。在谈论同一个话题的过程中，为了避免重复或增强效果起见，他还可能说：王五经过手的书都有一种韵味。这里王五装帧的、王五的、王五经过手的，都是一个意思，所以要用不同的表达，都是为了在具体情况下求得更好的效果。假如再想象一下，当对一个小孩说这话时，考虑到他可能不懂装帧的意义，说话人可能会避免这两个字，另外采取描写说明的办法，那么要说的话与采用的表达不必相同，就更为显而易见。

如果要用图表来把的的意义表示出来，恐需用到一连串开放性的系列，如表八：

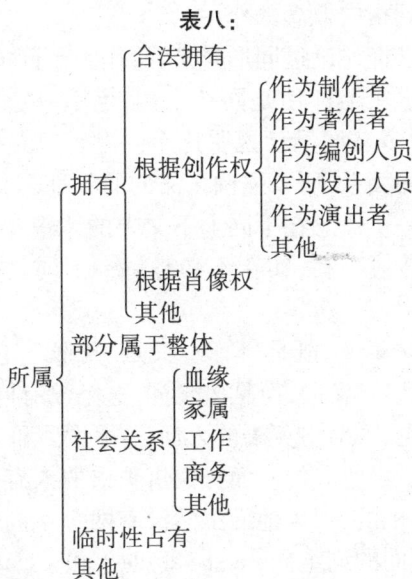

表八：

```
                                  ┌ 合法拥有
                                  │                 ┌ 作为制作者
                                  │                 │ 作为著作者
                                  │ 根据创作权 ┤ 作为编创人员
                       ┌ 拥有 ┤                 │ 作为设计人员
                       │          │                 │ 作为演出者
                       │          │                 └ 其他
                       │          │ 根据肖像权
                       │          └ 其他
              所属 ┤ 部分属于整体
                       │                          ┌ 血缘
                       │                          │ 家属
                       │ 社会关系 ┤ 工作
                       │                          │ 商务
                       │                          └ 其他
                       │ 临时性占有
                       └ 其他
```

像这样的表格已经画得很多,表八的特点是无论在哪个层次上的系列都是开放的,即最后均以"其他"结束。因此它只是粗略地提示了一个求解的途径,并非的的语义明细表。这些途径怎么走,要取决于语境,包括上下文和听话人的知识。假使说的话只是<u>兰兰的相片丢了,正恼着呢</u>,我们大概只能求索到'拥有',不能再具体了,因为根据这句话,'合法拥有'、'有创作权'、'有肖像权',都有可能,不能排除。但如说<u>因为未经许可刊用了她的相片,兰兰正在告那出版社</u>,我们根据这句话可以进一步求索到'有创作权'或'有肖像权',假使我们对兰兰有背景知识,知道她是摄影家,我们还可通过'有创作权'追索至'作为创作者'。这样就得出了与无背景知识者不同的解释。<u>王五的电报</u>一般的解释是王五所起草的电报,因为邮电局的发报人像投递员一样,都是无名氏的身份,但如果说的是<u>王五的电报是一份敌人的内部通报,别无其他内容</u>,我们首选的解释将是"王五是发报人",也就是把的追索到了'拥有'系列的"其他"中去了。

1.5.2 以上谈了语法符号的"所指"与概念的关系,现在再看词汇性语言符号如何起到指向概念的作用。

以上 1.4 中已经讨论过同形异义词,作为不同的词,它们当然指向不同的概念。事实上即使是同一个词,也不一定只能指向一个概念,词典中大量的多义词早已说明这个问题。只是因为人们希望词与概念有一对一的关系,所以强调多义词的各种意义都有联系,各种不同意义都是同一个概念在不同上下文中的体现。但是既然已经确认同形异义现象普遍存在,实在不必坚持一个词只能与一个概念相结合。

例如英语中的 class,既是'阶级'又是'班级',它们之间有联系,因此 class 不是同形异义词,而是多义词,这是没有问题的,但是是否因此必须得出结论,说对讲英语的人而言'阶级'和'班级'是同一概念呢?显然这是说不过去的。而且说讲英语的人有这两个不同的概念,也是有语言基础的,因为他们虽然没有两个不同的单词来指这两个概念,但是有不同的词组如:a social class 和 a class of students 等。

在不同的上下文中用 class 这个词时,说话人通过推理断定指的是两个词组中哪一个所指的概念。

'所指'的指向,遵循的也不止一条途径。例如:对于说英语的人,form 和 formal 明显是同一概念的派生关系,因为 form 除'形状'之外还能指与'形状'有联系的'形式'、'方式',而 formal 就是指'按(规定)方式的'。但 formal 作为与汉语中<u>正式的</u>可以自由互译的同义词,却又为什么?这是因为汉语中的<u>正式的</u>指向的是'认真的'。而'认真的'和'按(规定)方式的',都可以是'非假设性的、非试探性的、非随心所欲的……'这样一个笼统概念的具体体现(realization)。也就是说,英汉两种语言中,分别通过'按(规定)方式的'和'认真的'这样两个途径,指向'非假设性的、非试探性的、非随心所欲的……'这一概念。

所以说'所指'与概念不是一回事。

至于概念有狭义或广义理解,那更是经常现象。例如下列各句中的 books,看似用法相同,实则所指概念有较大区别。

(6) The professor's study is full of books. (教授的书房中到处是书。)

In this library, books are kept on the second floor, and journals on the third floor. (在这图书馆中,书藏在二楼,杂志藏在三楼。)

The accountant is busy with his books. (会计忙于理账。)

第一句中的 books 不仅指书,报章杂志都包括在内,因为凭词汇知识我们知道,book 的'所指',狭义的只指'书',广义的也包括'报章杂志',根据对教授书房的知识,我们选择广义的。第二句中从后面的小句可以推出杂志不在其内,凭一般知识我们推断报章也不在其内。第三句中指的是账簿,因为会计是管账的。我们是怎样得到这些结论的?语言知识给我们圈定了推理的范围,世界知识给我们推理的前提,逻辑推理使我们得出必要的结论。而因为说话人正是按照这样的途径使用语言的,所以我们得出的结论往往是正确的,万一不对,通过实践可以发现并予纠正,例如如果下文表明会计不是在弄账,而是在整理书架上图书,那么我们根据实际情况纠正理解。

我们的语言知识,看来还不止于一些具体的约定俗成的规范,如某个词可有哪些用法等,另外还有一些默契,如表达宁趋笼统,却不能失之明细。因此,假使一群衣服素净的人中,有一人穿着一件橙色的夹克,我们很自然地可问:<u>那穿红色夹克的是谁?</u> 但如那人穿的是红色夹克,一般就不说<u>那穿橙色夹克的是谁?</u> 这是因为虽然在赤、橙、黄、绿、青、兰、紫中,橙也算基本色,但更基本的分类是红、黄、兰、白、黑,所以更笼统的红可以概括橙,而反之不然。

1.6　语言系统是对立关系构成的聚合体

语言系统的性质和功能,在许多书中都详细谈到,但语言系统究竟以什么形式存在,却大多语焉不详。看来可分两大类,一类主张语言系统是一系列网络,把语言的各种用法都包罗在内。这类网络画得最详尽的是韩礼德的功能语法派,传统语法教科书中也是尽量这样画的。另一类则主张语言系统是一套规则系统或一套原则和参量,可以乔姆斯基为代表。这些系统都有一个共同点,即只论语法而把词汇排斥在语言系统之外,但索绪尔讲的系统显然是兼顾语法和词汇的,而且就所引例证看,还以词汇为主。后来的语言学家所以只顾语法,是因为语法的系统性强,而词汇散沙一盘只能用一张词表加以打发。问题在于,不仅词汇十分重要,如此加以打发,语言学变得很不完整,而且即使以语法而论,自从传统语法受到怀疑以来,新的理论层出不穷,却始终未能解决一开始就想解决的问题,即排除种种讨厌的"例外",使系统具有充分的概括性。其实这点早该提醒人们,寻找一个机械性的语言系统可能走错了道。

根据本章以上各节所述,语言系统是由各个具体的系统所构成,每一个系统大则如动词时态系统(参看以下表十二)或名词格系统,小则如<u>男人</u>和<u>女人</u>按性别区分所构成的系统(参看以下表十四),这些系统都是由约定俗成的对立关系所组成的聚合体,它的作用是通过对立限定有关词汇或语法项的值,并起到提供求解途径的作用。

在一个语言系统中,对立所形成的聚合体是相对固定的,而不是一成不变的,怎么样的对立决定怎么样的求解途径。这样一种导向式的而不是规定式的系统,可以兼顾语法和词汇,也可说明各种文化程度悬殊的说话人共同使用一个语言系统的情况。语言系统的两个要素是约定俗成和对立。以下先讲后者。

1.6.1　以上1.5.1中对<u>的</u>作为'所属'解时的求解途径作了图解(见表八)。'所属'的意义,就是由<u>的</u>和可以出现于同样位置的<u>对</u>、<u>到</u>、<u>和</u>等词的对立关系得出的(如:<u>上海的嘉定</u> ~ <u>上海对嘉定</u>,<u>上海到嘉定</u>,<u>上海向嘉定</u>)。以下用╎╎和【】来表示这种对立关系:

表九:

【的╎╎对╎╎到╎╎向】

表九所示是汉语中名词间前置词的意义系统,所以包括<u>的</u>、<u>对</u>、<u>到</u>、<u>向</u>四个前置词,是举例性的,因为我们暂设这位置上只出现这四个词,如果我们考虑不周还有别的,应相应补上(同义词不必列出,如与<u>的</u>同义的<u>之</u>,与<u>到</u>同义的<u>至</u>,与<u>向</u>同义的<u>朝</u>,都不必列)。对立是语言系统中最基本的因素,<u>的</u>从这些对立得到它的意义,或者说得到它对立的词所允许它具有的意义(系统中只有消极的东西),不妨粗略地说这意义是"指向'所属'这个概念"(参看1.3.2)。这'所属'可以具体体现为各种各样的具体解释,但一定不能与<u>对</u>、<u>到</u>、<u>向</u>的意义体现相重叠,这就是"对立"的含义。既然表八所示是从'所属'这个概念推理求解的途径,现在可参照表五所示"所指"指向概念的功能,结合概念求解途径,将表九扩充为表十(见下页),以便更清楚显示语言系统的存在形式。

　　这<u>些</u>途径本身是经验(世界知识)的产物,如'所属'→'拥有'→'根据创作权'→'作为制作者'这条途径,反映的知识是"作为制作者,根据创作权而具有拥有权是'所属'意义的一种形式"。然而,这种知识的反映受到对立的支配,并不是所有语言中均同,而是各不相同的。例如,英语中的-s也表示'所属'意义,与汉语中的<u>的</u>的意义相仿,然而它的求解途径却与以下表十中的不同,这是因为英语中的生

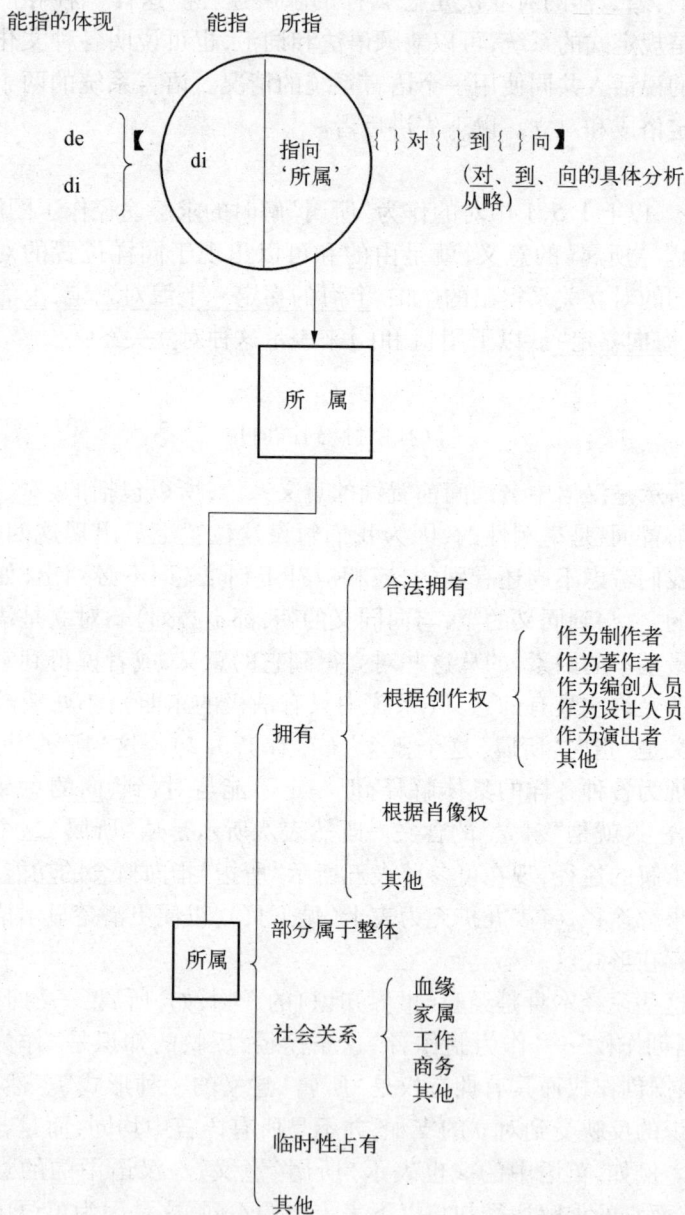

表十：

能指的体现　　　能指　所指

de 【
di

di 　指向
　'所属'

{ }对{ }到{ }向】
（对、到、向的具体分析
从略）

所　属

拥有
　　合法拥有
　　根据创作权
　　　作为制作者
　　　作为著作者
　　　作为编创人员
　　　作为设计人员
　　　作为演出者
　　　其他
　　根据肖像权
　　其他

所属
　部分属于整体
　社会关系
　　血缘
　　家属
　　工作
　　商务
　　其他
　临时性占有
　其他

格-s 不仅和通格对立(参看 Quirk *et al.* 1985：5. 112),而且还进一步和 of 结构形成(部分性的)对立,粗略说来 of 结构的用法倒是自由的,所以 of 的求解途径略同表十的所示,而 -s 的用法限于人名、人称名词、动物名词,以及非生物名称中的地理、时间、集体单位名词等,所以求解途径也受相应限制。这样就在系统里为 -s 和 of 规定了选择性,说话人须根据不同类的名词以及其他因素作出选择(当然这是理论上的讲法,形成说话习惯后谈不到有意识的选择)。换句话说,例如不说 * the house's roof(屋顶),而说 the roof of the house,也就等于说 -s 的途径中不存在笼统的'所属'→'部分属于整体',只存在更具体的'所属'→'部分属于人、动物、集体或地理或时间单位的整体'。

俄语中的格共有六个,生格与其他各格对立,具有'所属'的意义,与英语中相似,而没有类似 -s 和 of 的部分对立情况。但是俄语中的生格,受及物动词支配时又和役格形成对立,构成'部分'意义,典型地用于否定谓语后,或表示'一些……',用法见以下(7):

(7) dai den'gi
给——动词命令式 钱——役格复数
请给钱。

dai deneg
给——动词命令式 钱——生格复数
请给些钱。

ne dai deneg
不给——动词命令式 钱——生格复数
请别给钱。

因此俄语中的生格有一条途径通向'部分受事',而役格因此也不通向笼统的'受事',而通向'整体受事':

表十一：俄语生格的意义

俄语格的系统中赋予生格的意义：

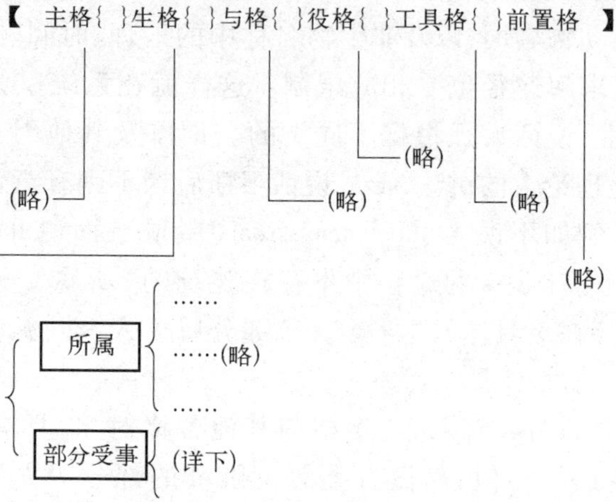
【 主格{ }生格{ }与格{ }役格{ }工具格{ }前置格 】
(略)
(略)
(略)
(略)
(略)
所属
……
……(略)
……
部分受事
(详下)

及物动词支配下生格与役格对立系统所赋予的意义：

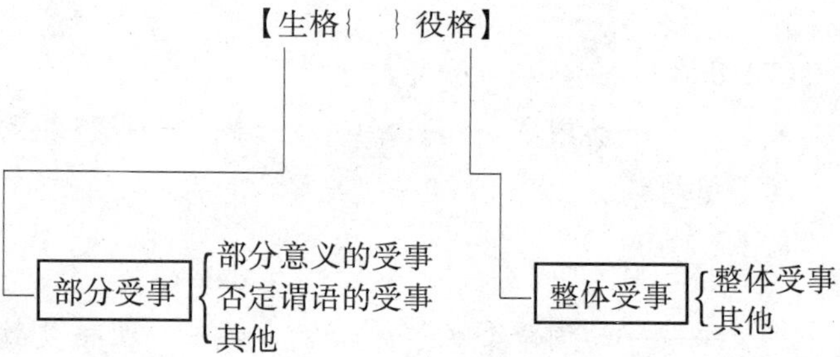
【生格{ }役格】
部分受事
部分意义的受事
否定谓语的受事
其他
整体受事
整体受事
其他

1.6.2 溶合语(fusional languages)的特点是它的语法性语素常溶合多种意义于一体。这些语素的意义也是各种对立的反映，但因为它们合用一个表现形式，因此在这个形式中溶合了一系列的对立。有时语言系统给人网络状的印象，就是这样来的。例如，欧洲语言中的动词时态系统，大多是这样的。以形态比较丰富，大家较为熟悉的俄语动词为例：

表十二：俄语时态系统（第一变位法）

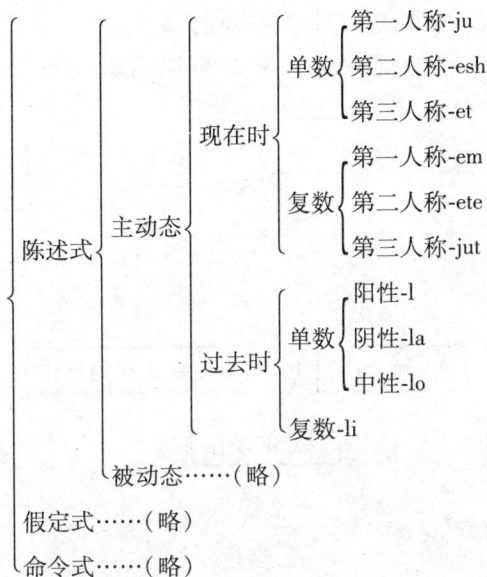

```
          ┌                ┌              ┌      ┌ 第一人称-ju
          │                │              │ 单数 ┤ 第二人称-esh
          │                │              │      └ 第三人称-et
          │                │        现在时 ┤
          │                │              │      ┌ 第一人称-em
          │                │              │ 复数 ┤ 第二人称-ete
          │          主动态 ┤              └      └ 第三人称-jut
     陈述式 ┤                │              ┌      ┌ 阳性-l
          │                │              │ 单数 ┤ 阴性-la
          │                │        过去时 ┤      └ 中性-lo
          │                │              └ 复数-li
          │                └ 被动态……（略）
          │ 假定式……（略）
          └ 命令式……（略）
```

例如动词 duma-ju，词根部分 dum 的意义是'想'，-a-是构词后缀，-ju 的意义则不仅指这动作是'说话人自己完成的'（单数第一人称的意义），而且是'适用于当前或泛指情况'（现在时的意义），'由说话人实际完成的'（主动态和陈述式的意义）。英语没有这样丰富的形态变化，但同样具备溶合后缀的性质：如-s 的意义是陈述式主动现在时单数第三人称，-ed 的意义是陈述式主动过去时（不分人称）。这些意义都分别建立在各层的对立之上（见表十三）。这些对立成分的意义，如以上 1.6.1 中所述，是消极地由系统中其他对立的成分所赋予，例如陈述式的意义可描述为'实际的动作'，它的实现可以是多种多样的，但必须区别于假定式或命令式范围的'设想动作'或'拟使别人做的动作'，因此说：陈述式的意义其实是由假定式和命令式所消极地赋予的。这些语法意义所指向的概念（以上用方框标出者），都有不同体现，如现在时指向'说话时'，但'说话时'既可体现为'与说话时重叠的瞬间'，也可体现为'说话时为其瞬间的永恒时'；命令式表示的'促使别人做的动作'可体现为'命令'、'请求'、'祈求'

等,这里不再用图表一一加以表示。这些具体体现各语言中有细致复杂的区别,既取决于对立成分的多少,另外语言系统还有具体规定,如英语中的现在时常不指与说话瞬间重叠的动作,因为它还有一个进行式来完成这个功能。

表十三:

【陈述式 假定式 命令式】

实际的动作   拟使别人做的动作

设想的动作

【主动态 被动态】   【现在时 过去时】

主动发出   被动受到   说话时   说话时
的动作   的动作   以前

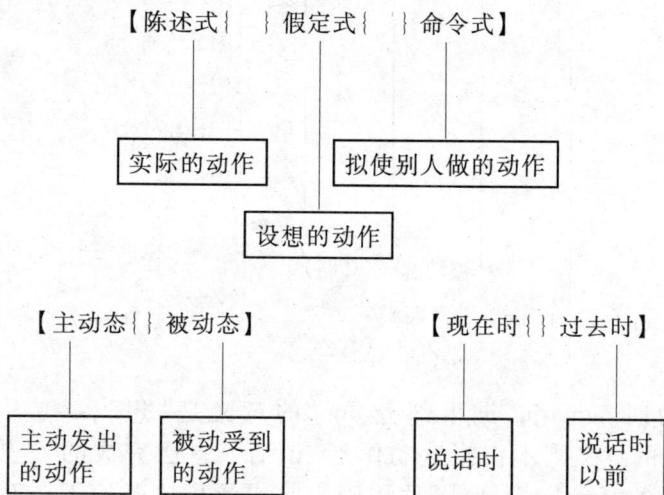

从以上分析可以看出,溶合语中的语言形式,虽然可能具有多种意义,而且这些意义的产生要牵涉一连串的对立,但之所以会这样,仅仅是因为这些意义都通过一个共同的形式来表达。至于每一个意义,它还是通过一个单个的对立而产生,并不是通过各层对立形成一个网络才产生的,而且各层次之间也没有必然的从属关系,所以应该认为溶合语中的意义仍是依靠单个的对立产生的。

1.6.3   既然有一连串的意义溶合在一个形式中,形式地讲来这一连串意义必然是始终连在一起表达,无法分开的。但是从实际所起作用看,表达的是什么意义,要看具体的上下文而定。例如,在

（8）The child writes well.（那孩子写得很好。）

这样一句话中,谓语动词 write-s 中的-s 确实表示不少意义,'写得好是实际情况'而不是'期望或其他的情况'（陈述式的意义）,是'写得好'而不是'被写得好',是'包括目前在内的泛指现在时的情况'而不是'过去或将来的情况'。然而以下对话中的 is（分析为 be + -s）所起的作用显然就不是这样,而只明确一点：

（9）A：I remember he was Chairman of the Department at that time.（我记得他那时是系主任。）

　　B：He still is.（他依旧是的。）

这里 is 所起的作用除表明与单数第三人称主语的联系外,只突出现在时与过去时的对立。又如：

（10）He should be here, but he isn't.（他应该在这里,然而不在。）

这里强调的只是式的对立：假定式对陈述式,具体体现为'应有情况对实际情况'。

由此可见,溶合形式虽然表达多种意义,但其中每一个意义不仅反映一个对立,而且在实际应用中常能从溶合意义中析取出来,以便对语句进行解释,这又一次表明,即使溶合形式也是以单个的对立为基础的,我们在应用它时,也可以根据情况而仅摘取其中一个对立。

1.6.4 词汇与语法有一个基本的区别,那就是语法意义所指的概念纯粹由语言系统中的对立赋予,因此显然不能存在于语言之外,而且是因语言而异的,而词汇意义所指的概念,首先是客观事物的抽象,可以通过事物的积极特性来定义,只是当它在语言中与相关的词语分割某个语义场时,才在相互之间具有系统性。语法意义之所以整个是一个系统,是因为不仅个别的语法性语素间有对立的关系,而且整体语法体系都靠相互对立而构成,而词汇意义没有整体性的对立关系,只有建立在少数几个词汇性语素对立关系上的小系统(如男人和女人,man 和 woman)。许多语言学家并不满足于这样来描写词汇系统,所以宁可认为它没有系统,而用一张词表来把它对付掉。其实,正如上两节所述,即使语法意义,也是以单个的对立为基础的,所以词汇系统以单个的对立为主并不奇怪。只是词汇意义并不像语法意义那样全然取决于系统,但词汇系统的作用确实存在。

首先,词汇系统的作用在于:概念虽然反映客观事物的积极特性,例如河和 river 都反映'水道'的积极特性,即注入大海或湖泊的水流,能航行等,但是汉语中河可与江分割'水道'这语义场,英语中的 river 没有这对立,因此应该说河与 river 所指的概念,虽然在'水道'上是相同的,但对 river 的概念而言,规模、水流量等均为无关因素,因此一条随随便便的河是 river,雄伟的哈得孙河(Hudson River)也是 river;而河指向一个不突出规模、水流量等的水道概念,需要突出大的规模或水流量的水道概念时用江。法语中也相应区分 le fleuve(江)和 la rivière(河),但俄语和英语一样没有这种区分,只有统称的 reka。又如,英语和汉语中均分手和臂,hand 和 arm;脚和腿,foot 和 leg,然而用法并不全与生理区分符合,例如我们常说右手齐肘全部被炸掉或那人手长,指的却是'手和臂',又如北方人说这人腿长,吴语区说这人脚长,反映出既区分,又能以手蔽臂,以腿蔽脚(北方),或以脚蔽腿(南方),充分体现出语言系统的任意性。俄语中的情况又有所不同,ruka 既指'手'又指'臂',noga 既指'脚'又指'腿',另外有专指'手'的 kist 和专指'脚'的 stupnja,但均非常用语,一般都用兼指的 ruka 和 noga。在这些不同语言的千差万别之中,都体现着语言系统的作用。

以上 1.3.2 中已经提到过,就语言整体而论,概念是离不开语言表达的,也就是说,语言中无法加以指出的概念对说该语言的人是模糊的,甚至不存在的。但要注意,一般所说某语言中缺乏某概念,都是就缺乏某个现成的词而言,那并不是真正的缺乏,因为绝大多数没有现成词表达的概念都可用词组或整句来表示,或者早已引入一个外来语来填补空缺。某语言中真正缺乏的概念,使用该语言的人是难以领会的。这种情况不多。长期住在英语国家的华人曾有几次主动对我说,他们认为说英语的人,甚或整个欧洲人,可能都缺乏'鲜'的概念,因为他们的话中都无法说<u>这汤很好吃,但是不鲜</u>这样一句区分鲜和好吃的话,我也有同感。

更多的情况下,概念是现成而熟悉的,但怎样表达却受到语言系统的管束。著名的例子是动物和它的肉。概念都是熟悉的,显然说话人都能区分,但语言表达上却有的分,有的不分。分的为:cattle ~ beef(牛 ~ 牛肉),pig ~ pork(猪 ~ 猪肉),sheep ~ mutton(羊 ~ 羊肉);不分的都由表示动物的词兼指两种概念:lamb(羔羊),chicken(鸡),duck(鸭),snake(蛇)。动物的类别显然有些关系,大动物都区分,但英语中 sheep 和 lamb 虽属一类,却前者分而后者不分,法语中还有索绪尔举过的著名例子:mouton(羊和羊肉不分),这些都说明归根到底是语言系统的作用。

正如以上所说,词汇系统的作用常体现于一些两分的语义场。这些语义场从认识论的角度看是概念及其次分类,如'配偶'分为'丈夫'和'妻子','人'分为'男人'和'女人'。假使仅仅如此就不必作为语言系统讨论,但实际上语言中体现这些分类的词语间可能有各不相同的关系,因此成了语言问题。例如'人'划分为'男人'和'女人',汉语中用的是分析性的说法,所以与概念结构相符(见表十四)。可是英语中的 man 却兼指'人'和'男人',而且主要指'男人'。而另一个词 dog,虽然也兼指'狗'和'公狗',却主要指统称的'狗'。这样就有了两种与汉语不同的情况。用图表可这样表示(不加括号的为主要用法,加括号的为特定用法)

表十四:

人	
男人	女人

表十五:

(man)		dog	
man	woman	(dog)	bitch

这个区别在话语中很容易看出,例如在中性的上下文中:

(11) a. Here is a man.(这里有个男人。)

   b. Here is a dog.(这里有条狗。)

b句理解为说有一条性别未经指明的狗,a句则一般都理解为有一个男人。说汉语的人因受汉语系统的影响,对此不敏感,很容易把'这里有个人',说成 There is a man here。其实英语中以 man 作不分男女的用法,除指统称的'人类'外,已经很不通行,都用 person,human, someone 等来代替。

还有其他类型的不平衡情况,例如父或母的统称,汉语中只有复数的双亲(parents),没有办法说一个 parent,也没有办法说不分男女的兄弟姐妹之一(sibling)。

亲属称谓由语言系统所规定,已经研究得很多。英语及其他欧洲语言中一般兄弟不分长幼,亲戚不分父系母系,但这些概念都是熟悉的,因为可用词组表达:elder brother, younger brother;paternal uncle(或 father's brother), maternal uncle(或 mother's brother)等。然而,uncle 有一条界线,即必须是父母的亲兄弟,不能是表兄弟,换句话说表叔、表舅等均不称 uncle(而称 cousin),这条界线汉语中没有,中国人对它缺乏概念,因此大多不注意,把表叔、表舅等依旧称为 uncle,说错了还不知道,而欧洲人听了由于不熟悉汉语系统,也无从发现问题。

以上所说,表明词汇系统确实存在,但也毋庸讳言,词汇系统与音位系统和语法系统有所区别。音位和语法单位(语法性语素)只存在于系统之内,不存在于系统之外,因为系统之外的声音区别不能起区别意义的作用,这是音位系统和语法系统所共同的。而语法连意义也是系统所赋予,经常与现实世界中的意义不符(如'与说话同时进行的动作'却不包括在英语'现在时'的意义之中)。而词汇所指的概念却是人类对客观世界的认识结晶,它是对客观存在的反映,并不一定形成关系系统。

设想在电话发明之初,'电话'或 telephone,可能就没有自己所属的词汇系统。可以把它和电报归在一类,属于通讯工具,然而这是概念类别,与语言系统无关。但当无线电话出现之后,原来的电话一旦兼具了'有线电话'和'电话(统称)'的意义,就出现了一个与表十五中 man 相仿的系统(见表十六)。

表十六:

(电话)

电话	无线电话

这个关系可从以下对话中看出：

（12）A：我出了海打电话告诉你。

B：海上怎么打电话？

A：我用无线电话。

这里 A 第一句话中的电话,用的是统称的意义,B 理解为与'无线电话'对立的'有线电话',A 正确理解他的问题所在,故有的放矢地回答我用无线电话。

可以这样说,概念是以对客观世界的认识为基础形成的,但因为概念必须巩固于词,或者说用词的'所指'来指它(1.3.2),所以这个概念的外延有多大,要看语言中有没有别的词来分割这个语义场。为了说明这个问题,需要先谈一下概念集和语义场的区别,语义场是由语言系统的结构划定的,所以是封闭的,它的划分是全面而无剩余的,如：

表十七：

sibling	
brother	sister

兄弟姐妹	
兄	姐
弟	妹

概念集却是根据积极特性对概念所作分类,凡是符合这种特性的,即属此类,所以是开放的,如家具或英语 furniture 的积极特性可粗略说成'室内所置非固定性设备',凡符合这种特性的均可归入,如：

表十八：

家具——桌子,椅子,凳子,床,柜……
furniture——table, chair, stool, bed, commodc...

这些集不是封闭的,例如通过接触中国北方生活,英语中增加了一个词：kang（炕）,但它的增加只意味着说英语的人多了一个新的属于 furniture 的概念,并不影响 bed 或 chair 等的概念和外延。与此相应,讲汉语的人接触了英语中的 sofa,先是把它当作椅子的一种,称之为沙发椅,后来大概因为普及了,成了一个独立的概念,叫沙发,从属于

'家具',它充实了'家具'的集,但并不影响到这个集中原有的<u>床</u>、<u>桌子</u>、<u>椅子</u>等。

<u>沙发</u>这两个字无疑是从欧洲语言音译而来,但'沙发'的概念是从实物中抽象出来的,因此与欧洲人的概念有所不同。<u>沙发</u>在汉语里所指的概念,主要是以软垫、常有弹簧、软背、有扶手为积极特性,并没有把供两人以上坐用一点概括在内,而英语中的 sofa 只指两人以上坐用的,单人用的称 armchair(扶手椅),为扶手椅中的一类。所以汉语中的<u>沙发</u>包括了 sofa(矮软座)和 armchair 在内。<u>沙发</u>和 sofa 可以看做因为所指概念的差别而具有不同外延的两个同义词。

相同而且熟悉的概念,也能因是否有别的词语参与分割语义场而具有不同的外延。例如<u>桌子</u>和英语中指'桌子'的 table,无疑有相同的积极特性,然而因为汉语中还有<u>几</u>,英语中没有相应的词来分割 table 的语义场,因而影响到<u>桌子</u>和 table 的外延,这就是语言系统的作用了。

我们眼前有张茶几,在汉语中它无疑属<u>几</u>,而在讲英语的人眼中,因为没有一个指向'几'的词来指向一个区别于'桌子'的概念,却有 tea table 一语来与 table 联系,所以他觉得这无疑是 table。设想我们又看到一张高高的花几,在汉语中它无疑属<u>几</u>,而在英语中因为离开 table 的概念远了,恐怕要属于 stand(支架)了。中国人是因为有<u>几</u>的存在,所以典型地要说<u>茶几</u>、<u>花几</u>,但我们也知道同样的概念也不妨用<u>小桌子</u>、<u>高架子</u>来表达,可见说汉语和英语的人关于'桌子','支架'的概念是相仿的,只是汉语中还多了一个'几',所以'桌子'的外延较窄。

词汇不一定要是系统性的,因为它所指的是根据客观世界中的实体形成的概念,而概念不必是系统性的。但词汇终究会因与其他词汇形成语义场而具有系统性,这可能是对词汇系统性的较全面的说明。

1.6.5 以上讲对立,现在讲约定俗成。其实对立都是约定俗成的,所以现在要谈的是对立之外的约定俗成现象,这包括事物的命名和"所指"与概念的联系。前者是大家熟悉的,即所谓的"索绪尔任意性":为什么桌子在汉语中叫桌子,在英语中叫 table,在俄语中叫 stol? 这些都是根据任意性的原则约定俗成的。

"所指"与概念的联系是一个新的角度。以前只是说,英语中的 have 有许多意义,其中之一是'吃',汉语中的有也有许多意义,但没有'吃'的意义。这些是怎样定下的呢? 从"所指"指向概念的观点看,可以说英语中能用 have 来指向'吃'的概念,而汉语中没有这样的途径。显然这种途径的有无不是偶然的,英语中 have 能指由无到有的过程,所以能指'拿到'、'得到'等概念(如说 Can I have a copy? ——我能得到一份吗? I've had a letter from him. ——我收到他的一封信。),所以进一步能指'吃',也就是'吃到'。汉语中的有只指拥有的状态,不能指从无到有的过程,不能指'拿到'或'得到',所以也就不能指'吃'。可见,能否兼指状态与过程,是英语 have 和汉语的有有许多区别的根源,而决定能否兼指是约定俗成,并无理由可言的。

一些最基本、简单的话,各种语言里都有很不相同的说法,原因也就在于同样的概念或命题约定俗成地有不同的表达法。例如时间,汉语中说五点二十(分),英语中说 five twenty,已经有所不同,因为汉语里不能省略点,而英语中恰恰不用 o'clock,但至少还都指五点钟范围内的某一点,而俄语中说 dvatcat' shestovo,却是'第六(点)的二十(分)'。那就是说,时钟敲五下之后,敲六下之前的这段时间,汉、英语中用符号五点和 five 来指它,而俄语中却要用表示'第六(点)'的符号来称呼。

美国英语的时间表达中有一个难以解释的 of 用法,如 five of six。它的意思不是'六点零五分',而是'六点缺五分',即与 five to six 相同。说不清这用法是怎么来的,反正美国英语的语言系统有这样的约定。

此外,例如英语中的 to keep in the back of one's mind(直译为:保持在脑的后部),意思是'牢记不忘',正好与汉语中的置之脑后相反,而汉语中的结束语说就这些,英语中却说 That's it(直译为:那是这),诸如此类的不同用例,在各种语言中不胜枚举,在很大程度上外语之所以难学,就在于指向某一概念的途径各各不同。

1.7 应用中的聚合体

以上1.6.1—1.6.5各节中都从静态的角度描写语言系统是怎样的,或可称语言中的静态聚合体。还应该从动态的角度,讲讲说话过程中语言系统是怎样起作用的,可称应用中的聚合体。

雅可布逊(Jakobson 1949)曾经论述,语言系统里的音位,不仅与某一个邻近的音位对立,而必须与该语言系统中所有其他音位都相对立,举例说,/p/在英语中是一个音位,不仅因为它同/b/相对立,而且也和英语中其他音位如/m/,/d/,/g/等都对立。从理论描写的角度,必须是这样的。但是从一个普通的英语使用者说来,这意味着怎么回事呢?他没有音系学的专门知识,不知道英语中有哪些音位,当然也不知道/p/如何与它们一一对立,但他能够在区分意义这点上把/p/和其他音位区别开来,所以在实际应用中,他会区别的是/p/和非/p/,这非/p/中包括/b/,/m/,/d/,/t/等。北京话中也有/p/,但因为北京话音系里没有清浊对立而只有送气与否的对立,所以说北京话的人也有/p/和非/p/的区别,但是非/p/中不包括/b/,却包括/pʰ/。所以雅可布逊的论述是对的,而且是必需这样分析的,但普通的说话人不知道这许多,他无法意识到这些不同的对立,可是他辨得出什么是他语言中的/p/,什么是他语言中的非/p/,所以对他起作用的是【/p/┊非/p/】。

语言实际应用中的这种【x┊非x】简化对立式,对解释语法和词汇的应用也都很重要。当我们听到<u>王五的电报值得注意</u>时,我们对<u>的</u>的理解是,属于'所属'范围的(如指王五为起稿人、发报人、持有人等,参看1.5.1)都行,不属此范围的就不行。不属此范围的具体有哪些呢? 一般人都说不全,而且各语言中因对立系统的不同,均不一样,但反正无论用的是<u>的</u>,或英语中的of,或俄语的生格,说话人都掌握一个【x┊非x】系统(这里的x为<u>的</u>或s,of或俄语中的生格所指的'所属'概念)。

词汇性词语无论是以积极特性形成的概念为基础的,或者除此之外还与其他词形成词汇系统的(参见1.6.4),都能转成【x┊非x】。前者可以<u>人</u>来作为例子。人凭借积极特性把自己的同类区别于牲畜、生物,也区别于神仙、上帝。这个对立系统只能说是【人┊非

人）。此外,诸如学生、家具、沙发、上帝,也都构成【学生‖非学生】,
【家具‖非家具】,【沙发‖非沙发】,【上帝‖非上帝】这样一些简化
对立式。

　　以上 1.6.4 中谈到过的,由于参与语义场的分割而具有兼指意
义的词,如 man, dog, telephone,实际上也是一种歧义,所以也构成两
个对立,例如(12)中的 B 唤起的是【有线电话‖非有线电话】的对
立,所以不理解 A 说的话,如果他唤起【电话(包括有线无线)‖非电
话】,他就理解了。

1.8　语言是一个导向性的,而不是规定性的系统

　　语言是个描述起来很复杂、使用起来很灵活方便的系统,还有一
点以上 1.6 中已有所提及,这里再稍行补充,即语言是一个导向性
的,而不是规定性的系统。这话的意思是说,语言系统虽然体现为各
语言要素间的对立,但语言应用中不是刻板地套用这些对立来求解
的(从说话人角度,是用这些对立来寓意)。这些对立时常起一种求
解的导向作用。这种导向作用包括指出一个范围,从中求解,也包括
使人从熟悉的对立中演化出新的对立等。

　　以上 1.6.3 中已经谈到,溶合语词尾所表示的一连串意义,在实
际应用中时常只采用其中一个,作为解释语句有关的对立。这就是
对立提供一定的范围,让使用者选取一个有用的意义之例。

　　音位的对立是区别语义的基础,但是说话人并不是机械被动地
对待音位系统的。例如不少汉语方言不区分[n]和[l],然而这难不
倒一个区分这两个音的北京人,因为他经过接触早已形成了另一套
备用的音系,其中[n]和[l]是作为一个音位来与别的音构成对立系
统的。他无疑还有另一套音系,是用来对付上海人的,其中[n]和
[ŋ]不分,作为一个音位与其他音构成对立系统。他能够轻易做到
这点,因为[n]和[l],以及[n]和[ŋ]的区别在他的方言里都有,现
在要当它没有,总是比较容易的。可是北京方言里没有浊塞音,因此
学英语他不太能发[b], [d], [g],他倾向于用不送气的[p], [t],
[k]来代替,与送气的[pʰ], [tʰ], [kʰ]构成对立。因此他可能说:
The [p]ig [t]og is [p]arking. 而送气和不送气的对立恰恰是英美

人不熟悉的,所以他们很自然地把它转成自己所熟悉的[b],[d],[g]和[pʰ],[tʰ],[kʰ](即英语中送气的[p],[t],[k]的严式标音)。所以,以上一句话中既然听到的不是[pʰ]和[tʰ],他们就把它们转为[b]和[d],因此他们仍然把句子理解为:The big dog is barking(那大狗在吠叫),只是觉得发音有些不标准,但也无关紧要。问题就这样皆大欢喜地解决了,虽然双方对听到的音都作了错误解释。这些例子说明音位对立并不机械地控制着说话人对语言的理解,而是在那里引导他理解语言。

从旧对立中演化出新对立这种导向途径,在建立在相对概念上的词汇系统中最为多见。例如表示颜色的词汇系统,<u>赤</u>、<u>橙</u>、<u>黄</u>、<u>绿</u>、<u>青</u>、<u>蓝</u>、<u>紫</u>,以及它们的次分类,应该说是有光谱作为依据的,但因为界线是相对的,而另一方面颜色容易被赋予象征意义,所以很容易形成新的系统。例如俄国革命中,不知为什么‘红’与‘白’对立,变成了‘革命’与‘反革命’的对立;而在“文化大革命”中,表示同一对立的词却是红和<u>黑</u>。英语中加奶的咖啡叫 white coffee(白咖啡),不加奶的叫 black coffee(黑咖啡),既明显是从颜色的区别而得名的,又显然没有用原有的颜色系统,因为不加奶的咖啡既不是黑的,加奶的更不是白的,两者都是不同色调的棕色。所以这用法依据的是一个新的两分对立系统:深色的称黑的,浅色的称<u>白</u>的。

日常谈话和诗歌创作,一般说是创造性使用语言较多的两个场合,其中也就包括创造新的对立。日常生活中,我们有时说<u>不穿衣服上街行吗?</u>,这并不是说裸体上街,只是说穿得很少,或不换正式的服装或不穿外衣。在不经意的说话中,颜色的称呼也时常是很粗略的,以上 1.5.2 中已经举过以<u>红色夹克</u>称呼“橙色夹克”的例子,这里不再重复。

这样不精确的说话方法,对方所以能够正确理解,就因为大家都知道语言中的系统不是订死了供人按图索骥的,它只在求解过程中起着导向作用。<u>不穿衣服</u>的意义当然是裸体,然而格赖斯关于“质”的准则就会告诉说话人,既然这话明显不可能是真的,它一定另有含义,于是<u>不穿</u>把我们引向了‘少穿’或‘不换’。

以上有关颜色的几个用法,也可用多种系统的办法来解释,即说除了直义的颜色系统外,还有各种转义的系统,如红与黑构成一个政治意义的系统,红与白构成一个在前苏联适用的政治意义系统,红—绿—黄构成一个交通信号系统,black 与 white 构成一个区分咖啡的系统等。但这样做,一则烦琐割裂,却无法解释一些临时性的借用,如以红色指'橘黄色',以不穿指'少穿',更主要的是这样做无非是想保持系统的稳固完整,然而稳固完整的系统是既不可能,也不可行的。例如完整的直义颜色系统,肯定不止赤、橙、黄、绿、青、蓝、紫,还有灰、白、黑、红、绯红、紫红、朱砂红等等表示各种色调的词,这个系统列得全吗? 要掌握这样复杂的颜色系统,小孩何时才能开口讲话呢? 更重要的是,我们都没有掌握,但我们都在讲话,假如坚持这样的系统观,将导致语言其实不受系统制约的结论,要保持系统的完整,反将导致系统的否定。

根据导向性系统的说法,情况就显然不同。各人所用的系统都允许不同,听者依照它的导向加以理解。这样,不仅不穿衣服、红色夹克得到了正确的解释,而且也能理解例如像空气一样一无所有或鲸是最大的鱼这样一些话。我们知道,说话人正确使用了语言,因此我们理解他们的意思,只是他们认为空气就是真空,因此在他们的对立系统中空气是'非物质',他们又认为一切在水里游的都是鱼,所以只有不能在水中游的才是'非鱼'。正因为他们的话使得我们理解这一切,所以我们才能下结论,说他们的语言是对的,但他们对外界的认识有误。这算是日常用语中的情况,对语言作精致的应用时,道理还是一样的。诗句里最经常地出现新的对立,涉及气氛和含义所要求作出的创造性表达,如张继的名句江枫渔火对愁眠,机械地讲来睡眠怎能有愁与不愁之分? sleep furiously(愤怒地睡觉)不是有名的荒谬结构吗? 我们甚至没有根据说诗中睡眠的人有什么忧愁,那愁是和环境相应的,是静寂的寒夜与江枫、渔火相对而泊这具体情景下的气氛和境界,它并不使人如一般所说的发愁,而是经历一种有美感的愁绪,因此愁在这里体现的对立是【因环境影响而产生的愁绪⦚无此种愁绪】。这句诗所以使人感到无穷的意味,就因为它成功地传递了时、景、人交融的意境,否则有人发愁闷睡,有什么诗意可言?

第二章
语言系统在句层的使用：组合关系的建立

2.1　语言使用以逻辑命题为基础

　　说话是为了传递一个信息，但是信息的概念很广泛，微笑一下，或者长篇大论一番，都可能是一个信息。因此，说使用语言以表达逻辑命题为基础，要具体明确得多。约翰·叟尔把"命题行动"作为言语行动的一个层次（Searle 1969：24），就是说言语行动在语义层次上表达命题。当然，命题内容并非就是所要传递的信息，所以叟尔从语言是行为的角度还需探讨"语现行动"（illocutionary acts），而我们在本章中要从理解意义的角度讲各种含义的推导。以逻辑命题为基础，本身就意味着语言的功能并不限于传递理性知识，它需要完成各种社会的、人际的和艺术的功能，这是在第三章，特别在论"效果原则"的部分（3.7）要讨论的。

　　说话不是也可以并不表达逻辑命题，而仅仅表示一下感觉或感情吗？当然可以，但是一则语言主要用来表达思想，二则不表达逻辑命题的说话，理解时常常也需要以隐含的命题为基础。马丁·裘斯就说过，在夫妻间的亲密语体中，晚餐桌上丈夫不用说：咖啡是凉的，只要说：凉的，或者：嗯哼就够了，这种单词句并不能提供信息，但是本来就无需提供信息，因为妻子当然早知道咖啡煮好有多久（Joos 1962：22）。这就是说，丈夫的话不是为了传递完整明确的信息，而是表示不满，属于表示感情之类。然而为什么这两个字会传递不满呢？须知即使同样在吃饭的情景下，凉的和嗯哼也能表示满意呀，譬如夏天在尝绿豆汤。可见，这是因为，凉的尽管不提供新的信息，却提示了一条推理的前提"咖啡是凉的"，再配上妻子原有的知识

"咖啡要热的才好",她才得出了"咖啡不好"的结论,所以知道丈夫不满意。这样说来,感情的表示还是建立在推理的结论之上。正因如此,同样的一声:凉的,只要是指冰茶而说的,就会理解为满意的表示。因为这时调出的大前提是"冰茶要凉才好",配上小前提"冰茶是凉的",结论就是"冰茶好",所以是表示满意。无疑,这推理过程是瞬间完成的,不自觉的,然而必需有这过程才能解释对相同句子的不同理解。嗯哼的不同只是它更间接地提示了"咖啡是凉的"或"冰茶是凉的"这两条前提,但因为它们本来就是妻子期待着的反应,所以说声嗯哼就不难唤起,其余的过程都是一样的。

因为前一时期语言学中强调情景分析,大家已经熟悉语调、表情、手势在解释这类歧义句时所起的作用。说这些因素起作用是不错的,但从语篇理解的角度看,它们的作用是辅助性的,因为书面语中没有这些因素,然而歧义的语句依旧能够理解。例如演员就从相反的方向,根据对剧本内容的理解来决定应采取的语调、表情和手势,所以说它们是辅助性的。这一观点下文中将反复涉及,这里不再一一说明。

生活中运用简短的语句,其实远不限于夫妻间的亲密语体。凡是以迅速有效地传递信息为目的的场合,都尽量估计对方的推理能力,而把用语缩短。例如典型的购票情景:你递进一张十元的钞票,说两张(假使用英语只需一个词:Two),两张票就递出来了,该找时还附上找头。这情景中所发生的,传统语法认为是售票员把省略句两张补足为:我要买两张票。其实还远远不止,售票员所以能不问一声把正确的票子和找头递出,是因为他应用购票情景下的知识进行了一系列的推理。根据你说的两张,他推定你要的是两张本场票,因为否则你会说明哪一场的。而你要的票价等级是五元或五元以下一张,因为否则你的十元钞票就不够了。因为他能满足你的各个条件,所以他能一声不响完成这件交易。假如他不能满足你的条件,他就会说:五元的票已经售完,只有十元的前排票了。这时该由你作出反应,所以你说:那就不要了,或者再递进一张十元钞票。假使已经全场客满,他会建议下一场。而如果他说:只有深夜场的票了,那你就理解整个下午以及晚上都已客满。

我们说的话不仅是这样理解的,而且是预先估计到这样的理解过程而说的。说话人必须首先估计到听话人一定会从自己说的两个字领会传递的命题,并作出必要的推演,才能把话说得这样简单。而说的话既然需要推理,就必须以命题为基础。

不以命题为基础,直接诉诸感情的语言表达,当然还是有的,不过要比一般设想的少得多。属于这种的有感叹词句,如:哈哈!啊哟! 之类,也有起相同作用的普通词语,如:天呐!;我的妈! 等等。它们的作用与鼓掌、瞪眼睛、话间放声大哭,其实是一样的,是感情的直接宣泄,与语言运作无关,不属本书论述的范围。

逻辑命题首先要从逻辑语言的角度来进行研究,那是逻辑学的课题。我们讨论的是自然语言如何以命题为基础,这里所理解的逻辑命题与语言表达的关系,要宽泛得多。例如上述买票情景涉及的命题是:

(1) F(需要)(a, b)

逻辑上讲,它的语言形式至少需有 a 和 b 两个主目,以及一个由任何相同意义的词表示的谓词(需要)。仅用一个 b(两张(票)),在逻辑学里是不足以作为命题(1)的语言表达的。所以在语言中只是以一个不完整的 b 来点出(1),但只要对方能够领会到说话的目的是要传递建立在(1)的基础之上的一个信息,在语言应用上讲,已经足够。

用餐的情景中涉及的命题是:

(2) F(冷的)(a)

仅用一个 F(冷的),逻辑上讲也是不够的,用嗯哼就更不着边际了。而语言中不仅能这样说,还能正话反说,用好烫来指命题(2),在逻辑上来说更是全然错误,但既然能够达到目的,可见在语言中是可行的。我们在这一章中,就要说明人们说话中语言表达和命题之间这种更宽泛的关系。

2.2　怎样应用语言系统进行说话

曾经有人主张,语言就是现成句子的集,要说什么话,就用其中一个句子来表达。这样,语言就是说话,语言系统与组合关系相统一,讲起来倒也清楚,不过大家觉得说话不是这样一个思想采用现成句子出现的过程,所以提出这种观点的人自己也已放弃。

另一种历史更久远的观点,认为说话就是按照语法规则(亦即系统的要求)把词语连接起来。但是人们逐渐发现,语法规则所确定的语言表现形式,固然已比逻辑形式丰富得多,例如它可以表达各种态、式和时体的区别,这些都是逻辑谓词所缺乏的,然而仅仅靠语法规则来说明语言中所反映的种种感情色彩、人际关系、立场态度,显然是不够的,何况不遵守规则,本身就普遍用来作为一种表达新意义的手段。这就促使更多的人把注意转向所谓的"语用式解释"(pragmatic approach)。

彻底的语用解释,根本否定在遣词造句的过程中有语法规则的参与。例如,里特就专门写了本书(Reid 1991),讲英语中无所谓单、复数规则,说话人只是根据表达意思的需要,选用语言中的单、复数两种形式。

但是语言系统中既有许多从表达的需要不易讲清的任意性成分,承认规则的存在恐怕是必要的,这并不妨碍我们说:说话人除了遵守这些规则之外还有充分的灵活应用语言的余地,包括故意违反这些规则来表达新的意义。以下就从遵循规则和灵活表达意思两个侧面来说明应用语言系统进行说话的过程。

2.2.1　说话时要遵循语言系统中种种约定俗成的规则,对此需要有一个全面的理解,因为语言系统一方面有种种任意性的限制,但归根到底它是一个要人创造性应用的系统。因此不讲规则固然难以讲通,像形式主义理论那样只讲规则的作用也讲不通。

第一章中已经反复讲过,语言系统并非界线分明,功能清晰,具体规定说话人如何把话讲出来,并供听话人按图索骥求取解释的一种机制。它只是提供一系列的可能,使说话人可以利用它在具体的语境下,估计到听话人的语言知识和世界知识,以经济有效的方式把自己要说的内容创造性地表示出来,使听话人能够懂得。说话人表达的只是他的意思,而不是一般设想的把他心里现成的话说出来,因为时常他心里有的只是一个意思,而不是一句话,所以有话要说却一时找不到言词来表达是我们常有的感受。对听话人来说,听到一句话就要根据自己的语言知识和世界知识,结合语境对它进行理解,作出解释,从而获得说话人想要传递的信息。

上一节说过,说话人想要说的意思,也即他要传递的信息,绝大多数以逻辑命题为基础。因此,假如他想表达:"需要(我,伞)∴下(雨)。"我们凭说话的经验知道,有多种方式可以表达,从最直接的我需要一把伞,因为下雨了,到喜欢耍点嘴皮者口中的要成落汤鸡了,匀得出把伞吗?。这里想说明的是,这些说法看似自由,其实都受语言系统的制约,并且都有线索归结到想要表达的命题。不妨先从不同语言中的不同表达来说明语言系统的作用。语言中的各种系统(聚合体),是说话人寻找表达方式的引导,是提供他选择的材料,同时也是他无法逾越的范围。因此,例如要表达上述命题[需要(我,伞)],就并不是理所当然地采用

(3) 主语(我) + 谓语(需要) + 宾语(伞)

这样的结构。汉语中是用这个结构的,英语中也是的,但已经需要另加许多其他选择,然而俄语中虽然也可以用这结构来表达,俄语系统却引导人用一个与此很不相同的所谓无人称结构,而认为与逻辑式相符的结构反而是罕用的正式语,不适用于借伞的场合。且看实际用例:

(4) 我需要一把伞

I	need	an umbrella(英语)
我——主格	需要	一伞——通格
Mne	nuzhno	zontik(俄语)
我——与格	需要——副词	伞——役格

英语看似与汉语相似,但至少应注意到它的"我"是要区分格的(I 不同于 me 和 my),它的"一"是不定冠词,不是数词。俄语却很特殊,句中没有主语,且无法加进,所以称无人称句,谓语是一个副词,这个副词却要求两个不同的格:与格和役格。这个无人称的表达式与命

题的逻辑式[F(需要)(a，b)]差别很大，然而却是俄语中该命题习惯上常用的表达式(俄语中通常都这么说)。再看后一命题的表达：

(5)(天)下雨了

    It   is raining(英语)

    它   下雨——现在时进行式

    Dozhd   idjot(俄语)

    雨——主格   行走——现在时

这里汉语和英语都有结构上的特点，实际上都是无人称句，但汉语中也可以<u>天</u>来充当一下主语，而英语中的所谓"语法主语"是虚指的 it。俄语中尽管'天明'、'天黑'、'刮风'、'转晴'都用无人称句表示(依次分别为：Svetaet；Temneet；Duet；Yasneet)，'下雨'却只能用人称句：'雨正在行走'，在所举三种语言中是唯一符合逻辑式的。由此可见，命题如何表达，必须受制于语言系统，不讲道理。

然而，语言系统的选择和限制，只有学外国语的时候才充分表现出来，对本族语者而言是无意识的。不仅如此，他觉得可以自由地调换各种说法，如：<u>又下了，没有多余的伞吧？</u>/<u>有多余的伞吗？</u><u>以为它不下了呢。</u>/<u>这天气真是的，就这次没带伞又需要了</u>等等，可谓不一而足，只要估计对方能够得出'因为下雨了需要一把伞'的结论就可以。俄语和英语中也有种种间接的说法，不必一一详举。那么这些表达法的调换，究竟是否自由？语言学中过去基本上持否定态度，传统语法学者说，主谓语和句子结构都不一样，可见表达的意义并不一样，每一种讲法都表示一种不同的意义，无所谓自由调换。语境论者认为，每一个细小的区别都反映着一种不同的意义，而这些不同的意义都有它们的语境功能，只要我们把有关的语境因素分析透彻，我们就能预测各种不同的形式。其实同样一句话，要本人复述也时常不完全一样，至于语境因素，它们固然影响选择，但显然不具有可预测性，因为语境和语言成分并无机械的联系。

我们认为，从用语言指示说话人的想法的观点看，创造性地运用语言的自由是有的，运用语言的成功程度取决于语言反映思想的正确性和照顾各种语体因素的合适性,这些决定语言艺术的高低。

同一个意思既然可以有各种不同的表达形式,那么说话人根据什么标准对它们进行取舍?通过一些例证就不难看出,词汇、语法、修辞等方面的同义词语和结构,一般都附有该语言系统所赋予的语体特征,说话人根据这些是否适合于当前的语境而加以选择。正因如此,虽然以上命题"需要(我,伞)∴下(雨)"最直接和完整的表达,无疑是<u>我需要一把伞</u>,<u>因为天下雨了</u>,然而,尽管这是典型的正确表达,在实际生活中,却不常用。这是因为<u>需要</u>这个词和<u>因为</u>表示的明晰性原因从句,在日常口语中显得太一本正经,语体上不合适,所以更常见的说法可能是:

(6) 我要把伞,下雨了。

在俄语的口语下,也少用连接词 potomushto(因为),而像在汉语中一样,让因果关系在语篇层由推理得出。即少用(7a)而多用(7b):

(7) a. Mne nuzhno zontik, potomushto dozhd idjot.

　　 b. Mne nuzhno zontik. Dozhd idjot.

英语中情况就有所不同,说话人可能觉得用简化的 cos(because 的缩略形式)与省略连接词没多大语体区别:

(8) a. I need an umbrella, cos it's raining.

　　 b. I need an umbrella. It's raining.

假使特殊的语境要求说得更简短些(譬如说由于人们正在开会,讲话会妨碍他们),那么如何对常用形式再行简化为缩略式,又得取决于语言系统。这时表示'因为'的词无疑要被省略,此外汉语中能把<u>我</u>和<u>雨</u>省掉,英语中可省 it's,却不大会省 I,倒可能把前一个命题的表达改为简略的问句 An umbrella? 而俄语中则会省略 mne:

(9) 要把伞,下了。

　　 I need an umbrella. Raining. 或:An umbrella? Raining.

　　 Nuzhno zontik. Dozhd idjot.

至于一些间接的说法,则一方面既要受语言系统的制约,另一方面又要照顾到通过推理能够与需要表达的命题联系起来,符合这两点的可以自由发挥,不符合的就不可以。例如上面提到过的耍嘴皮的说法,所以能用<u>落汤鸡</u>表示'挨淋',是因为汉语中有以<u>落汤鸡</u>表示'通体淋湿者'的说法,再经过"所以会通体淋湿是因为在下雨"和"所以要问能否匀出把伞是为了能供自己应用"两个推理过程,就把这句话与想要表达的命题联系起来了。当然,这种"自由发挥"还必须经过语体适合性的检验,例如<u>要成落汤鸡</u>的说法,在正式场合显然就不适合。

以上讲了句子的基本结构以及各种不同语体表达的选择,都需受到语体的制约。此外自然还有句子内部各成分间的组合关系,也需遵循各种规则,如英语中的第三人称单数主语所管辖的动词要加-s,等等。即使我们承认大多数前置词的用法是可以解释的,也还得承认规则的作用。例如,on the bus 和 in the bus; on the street 和 in the street,是都有道理可讲的,然而既然都讲得通,就应都通用,为什么事实上却在英国英语中只用 in,美国只用 on? 只能说是一种规则。表示'六点缺五分',美国话中除通用的 five(minutes)to six 外,还有个说法是 five of six。这个 of 的用法也只能当作一条规则。

词序是另一个存在大量规则的领域。对本族语者说来,词序时常显得理所当然,要用不同的语言作一对比才能揭示规则的差别。试看以下汉、英两组句子状语<u>昨天</u>和 yesterday 所处不同的位置:

(10) 我昨天看见过他。

　　＊我看见过他昨天。

　　? I yesterday saw him.

　　?? I saw yesterday him.

　　I saw him yesterday.

有一点似乎可以作为解释:汉语中修饰语都应置于被修饰语之前,而英语中往往在后面,但这理由本身就是一条规则,而且也不足以说明为什么处于动词后的 yesterday 反而更不能接受。要说明动词后的 yesterday 所以更不能接受,需要另一条规则:与状语相比,直接宾语更应贴近谓语动词。这种重叠的规则作用,正好说明遵守规则是必要的。

2.2.2　然而就整个说话过程而言,却又是在不违反这些规则的情况下,创造性地、想方设法地,有时甚至违反一下规则地,来把自己的意思点明,让对方能够理解。所以要这样做是因为我们的意思,或者说我们想说的,不是现成的句子,它往往很复杂,却又很模糊,客观条件不允许我们总是全面地表达我们的想法,何况我们时常也弄不清楚究竟是如何想的。譬如上面因下雨而想借伞的情景中,说话的基础是"需要(我,伞)∴下(雨)",而说话人的想法若用语言详尽表达,可能需要说:

> (11) 假使你有一把多余的,或虽非多余而今晚不再需用的伞,而且你愿意并有权把它借给我用的话,那么请你把它借给我,因为虽然我来时不下雨,现在却又在下了,而我住得较远,不打伞会淋湿,在这种气候中淋湿了会生病的。

没有人这样说话,而且绝大多数人会认为他不是这样想的,这是因为人的思想在找到语句来表达之前,本是一种模糊的心理活动。(11)的意思是说,说话人在上述情景下的想法,假使要他用语言全面地表达出来,可能就是这样的。证明的办法是:只要在(11)的范围之内,从任何角度点到伞和下雨,都能达到表达基本命题"需要(我伞)∴下(雨)"的目的。试看:

> (12) ① 有把多余的伞吗? 我来时不下雨。
> ② 你的伞今晚不用了吧? 又下了。
> ③ 假使你能够的话,请借把伞给我,下雨了。
> ④ 这天气真是的,就这次没带伞又需要了。
> ⑤ 有把伞就好了,我最怕头上淋湿。
> ⑥ 能借把伞吗? 得走好一阵呢,生病刚好,怕淋,一定准时归还。
> ⑦ 要成落汤鸡了,匀得出把伞吗?
> ⑧ 唔,又下了,您行行好,借把伞,这冰凉的雨淋不起。

这仅是举例,可能的说法还很多,几乎是无穷的,就看你觉得怎么说最恰当,所以讲说话实际上是一种艺术。

上面已经提到,(11)只是一种可能表达,假如他说的是:

(13)借把伞给我好吗?正好穿了件新衣服出来,又下了。

那么表达的内容显然不同于(11),因为借伞的动机有所不同,但听者从(13)得出的信息仍然是"需要(我,伞)∴下(雨)"。因此虽然不能说(13)与(12)中各句同义,但在借伞的情景,它传递的信息依旧是相同的。由此可见,表达同一信息时,语言选择的范围十分宽广。

我们暂且不管(13),回过来看一下(12)中的各句为什么要这样说?艺术领域中的创造,概括说来都为了追求美。语言应用中的"创造",也可能以美为目标,那是在美文学的范畴。作为交际工具,应用语言追求的主要是语体合适、表达简洁明了。

先从语体的角度来看(12)中各句。影响语体的主要有题材、方式、人际关系等方面,这里题材都是一样的,即因雨想要借伞,方式也都是一样的,即面对面的讲话,所剩下的只有人际关系,即说话人之间的关系。看一下(12)中的八句话,就会发现,所以要这样说在很大成分上就因人际关系的考虑。首先我们会发现,(11)中有一点,在(12)的各种表达中都没有提到,那就是'假使你愿意的话'。显然这是很关键的一点,借东西需取决于人家愿不愿意出借,各例句所以均未提到是因为要照顾对方的颜面:对方尽管可能因某种原因不愿借伞,但迫使他口头承认,无疑会使他受窘,所以避免提及,而用间接的方法来问:有多余的伞吗,今晚不用了吧?假使双方关系还更疏远些,觉得这样问还太唐突,那就可能用更间接的(12—4),这里说话的人抱怨天气,说需要伞时却没有带,当然已足以使对方领会自己的用意,但说出的话并未越出怨天尤己的范围,所以对方如其不愿,双方都不必感到尴尬。但又不是越间接越好,过头了是很不恰当的。例如(12—5)就是一个更为间接的说法,适合于对你自己的同伴吐露感想,假使这话落入隔壁大妈耳中,她可能主动借把伞给你,但假使这话是你对她说的,她可要回敬你:要借伞就直说,转弯抹角地干吗?这是因为她觉得你的话见外了。相反太直截了当也不行,例如听到

（12—3），主妇可能要说：什么能不能的，借把伞什么大事？这话只适于对作不了主的帮工说。说得太详细，或者太认真也不行，所以（12—6）又解释原因又保证归还，只适于信用不好的人说，（12—8）除了真正的乞求者外，只适于油嘴的人。说得太花巧也不妥，所以（12—7）一般说来较适合于熟人之间，不适合于对生人说话的场合。

除了语体适合之外，最要紧的就是表达要简洁明了。(11)其实是很全面周密的表达，所以大家听了会发笑，是因为它太明显地违反了简洁明了的原则。事实上(12)所列八种说法里，大多数只点了两点，即需要伞和下雨，只有三句涉及其他点，（12—3）外加强调可能条件是因为话是对帮工说的，（12—6）提出保证是想用词语来弥补信誉，（12—8）既哀求又解释，因为是乞求，或是耍嘴皮子。

2.3　应用语言像搭积木，推理是催化剂

以上 2.2.1 和 2.2.2 说的是，语言材料间的聚合关系和组合关系都受到语言系统的制约，然而用这样的材料说话，却是创造性的活动，即想方设法地用适当的语言表达，把自己头脑里的想法传递给别人。威廉·戴佛常说应用语言像是搭积木，或是用彩色笔画图，据我的理解就是指的这点。彩色笔是指颜色是规定的，不能随意调配，因此你看了图得领会一下意味的是什么颜色。积木的譬喻更能兼顾个体和组合，因为不仅每一块积木的形状是确定的，而且相互如何才能拼合也须遵守一定的规则，就像语言中的符号和它们的组合都有规定一样，人们用这种积木作为材料拼凑成图像，让我们看出，哦，这是奔跑中的马，那是鸡。这和用语言符号组成语句，让听话人领会到要说的是什么意思，在用规定材料来从事创作这点上，大致相同。

使我们把搭成的积木与它要指的形象相联系起来的，是形象的联想；使我们把听到的话与它所要指的想法联系起来的，是我们的推理。例如，因为简洁了当是必需的，在（12—1），有把多余的伞吗？后面，我们只说来时不下雨就够了，相信听话人一定能够推出'又下雨了'；只说你的伞今夜不用了吧？（12—2）就够了，听话人一定能够推出'我想要借'，因为你接着说又下了，而且还有情景提示：你要离开。

既然说话是选用一个表达形式使人领会到自己的意思,隐喻(metaphor)的利用是自然而然的。不仅<u>要成落汤鸡了</u>(12—7),明显是一个形象的说法,而且像:他的论据<u>不攻自破</u>;在我们的<u>进攻</u>面前,他们<u>溃不成军</u>;感到<u>无地自容</u>等常用语中,无不有着隐喻的存在。隐喻的理解需要推理。

语言系统中本来就有各种同形异义的词语(homonyms),第一章中已经讲过。即使不是同形异义的词语,在语句中也能产生同形异义现象,如<u>鸡不吃了</u>。这句中的几个字都无歧义,但构成句子是歧义的,是'鸡不肯吃食了',还是'我们不吃鸡了'呢?需根据上下文通过推理决定。

说话人说话的时候就指望听话人通过推理来理解他的话,领会他的话所指向的意思。而听话人在正常的情况下也正是这样来对待他的话的。在这个意义上,我把推理在语言使用中的作用比作为一种不可或缺的催化剂。

以下让我们来分别看一下,在语言系统的各个不同层次上,推理是怎样起作用的。

2.4 音系领域中的推理

不同的音位在语言应用的过程中有时会失去区别特征,出现所谓的中和现象(neutralization)。这时就需要通过推理,把相同的音区分为不同音位的变体。

俄语和德语中的词末浊辅音清化,就是著名的例子(参看1.2.2)。在这两种语言中清浊辅音如 p/b, t/d, k/g 等等,原本都是相互对立的独立音位。但因为这些语言中又有词末浊辅音要清化的音系规则,所以例如俄语中的 plod(水果),作为一个单独的语素使用,后面不跟后缀时,发音为[plot],这样就和本来就发[plot]的 plot(木筏)失去了区别。要区别它们,在组合关系中并不是一件难事。例如,听到的是[fkusnyi plot],可能的意义是'可口的水果'或'可口的木筏',我们凭世界知识自然首先选择'可口的水果'。同样,[rot]可以是 rot(嘴),也可以是 rod(族、类),但[otkroi rot](请张开口或请张开族),显然首选'请张开口'。

这里所说的选择,或其背后的推理,无疑都是在瞬间完成,听话人并不意识的,但为了对这种无意识的过程进行解释,需要作这样的说明。其次,从以上所举浊音清化的例子,可以认为,这基本上依然是一个同形异义词的解歧过程:plod 在后面跟随后缀的情况下,和 plot 是有区别的,但在 plod 后面没有后缀时,由于浊音清化规则的作用,发音变成与 plot 相同,所以等于说话语中这特定的位置上多了一对同形异义词。既然如此,为什么要说这是音系层的推理呢? 这是因为,在另一些情况下,音位层的推理并不等同于同形异义词的解歧。

当一个俄国人听到[sat]时,他写下来却是 sad-(花园)。这时他依据的不是同形异义词的解歧,因为俄语中并没有同形异义的词素 sat-,他正是从 d 在词末要清化,d 和 t 发生中和这点音系知识出发,考虑到并无 * sat 这样一个词,所以才肯定听到的应为 sad。

又如对混同的 n 和 l 进行区分,一般都是自觉地在音系层进行的。当一个区分 n 和 l 的北京人或上海人听到:[li hao],他们知道有些方言中不区分 n 和 l 这两个音,所以就理解为[ni hao](你好)。即使还没有这知识,但他至少有过因为音听不确切,而需要通过上下文加以推定的经验,所以经过几次接触,也就获得了有人不分 n 和 l 的知识。此后,再听到:[li]身上都是[liba]时,也就不必再就'篱笆'和'泥巴'进行"同音异义"分析,仅凭音系知识就知道说的是'你身上都是泥巴'了。

认为语调表示具体的意义,很难讲通。例如说升调表示疑问,就很勉强,因为用升调而并不表示疑问的简直太多了。更好的办法是说:升调表示话犹未了,降调表示终结。因此,说话人可能把升调用于问句,希望对方接嘴回答,也可能用于分句末,以表示自己还要讲下去,又可能用于肯定的陈述句后,以表示虽然提出肯定见解,仍容许对方纠正。用降调则相反,表示并不指望对方接话或反驳,自己也已经讲完,暂时无意再继续。这样解释,说话双方在选用和解释语调时都要一个推理过程。

例如近来社会语言学常谈到,妇女多于肯定句后用升调。其中推理过程可以通过一个例子来描述:丈夫来厨房一起做饭,他已经好久没有下厨,所以问妻子盐在哪里,妻子肯定知道在哪里,刚才还

用过,因此她的回答本应是:

(14) On the shelf ↘(在搁板上)

然而这是个简短的句子,而且核心重音落在 shelf 上,它有的是短元音,并紧随着辅音音丛[lf],所以若用降调说出,显得语气急促。当然,说话时没有人会这样作分析,但细心的女人会意识到,这话用降调说出来,容易刺耳,使人感觉说话人不耐烦,急于把自己打发掉。要避免这印象怎么办呢? 她自然会选择升调。因为一用升调,短促的印象没有了,而且升调邀请对方接嘴,自然没有厌恶的嫌疑。对方听了:

(15) On the shelf ↗

可能以为妻子也无把握,再一想厨房里哪有她不知道的事,因此明白她是不想把话说绝;即使不这样想,当他向搁板上一看,也就明白自己本不该问,好在妻子的语气没有生气,也就罢了。

2.5 词汇领域中的推理

句中许多词语需经推理才能得到正确解释,这是大家较为熟悉的过程。词汇领域中推理的作用,大致表现于:1. 词语解歧;2. 修辞格的理解;3. 一般词语一般用法的理解。

2.5.1 词语的解歧其实是根据整句的意义和世界知识进行推理而达到的,但因为落实在词语的歧义排除,所以可看做词汇层的推理。歧义词进入组合关系后,有时获得形式区别,有时仍然歧义。例如 bank 是歧义词,在(16—1)中的 a, b 两句中词组 on the bank 和 in the bank 用不同的前置词,有形式区别,不再是歧义词,但在(16—2)又是歧义的了。

(16) ① a. They were on the bank at that time. (他们当时在岸上)

b. They were in the bank at that time. (他们当时在银行)

② It all depends on the bank now. （现在全靠河岸/银行了）

可见同形异义词最终还是得靠智力活动来解歧。而并不像一般所设想的，只要点明语境一切就会迎刃而解。例如：

（17）His aim was to consolidate the bank. （他的目的是巩固河岸/银行）

这是个歧义句，一般认为假使上下文说的是雨季将临人们正在作准备防洪，那么我们不加思考就可采用'河岸'的解释。事实上我们只是在没有其他可能的诱导情况下才得出这样的结论。假设同样的上下文中，只要多少提到过一家银行的实力对防洪有关，那么巩固银行以达防洪目的的含义，依旧是同等有竞争力的解释。我们就必须根据更多的语境信息，通过选言推理，在两个可能的解释中选择一个。

2.5.2　格赖斯在1967年的文章（Grice 1967）中即已谈到，隐喻、反语、夸张、降格陈述等修辞格的理解是一个会话含义的推理过程。

隐喻的应用远比人们想象的要普通得多（参看 Lakoff *et al.* 1980）。例如我们常以时间比作金钱，说：一寸光阴一寸金；时间就是金钱等。常以争论比作战争：双方剑拔弩张；对方论点不攻自破，终于溃不成军。又以人类生理状态嫁接到无生物的描述，如说：你的论点站不住脚；经济得到健康成长；一种文化如果不能经常进行新陈代谢，吸取营养，就会日趋衰老，最终不免死亡。

反语和夸张也是大家所熟悉的。反语一般限于感情激动的用语之中，如对人生气时说：你这人真好；喜欢小孩说：你这坏小子。但感情成分也可能淡化，如上海有些人经常称自己的孩子为小赤佬或小瘪三，成了一种谦虚的称呼，但仍有亲昵色彩。夸张是就正或反的方面，提出夸大的说法，但听者会从说话人发泄感情的角度理解，不会误会。也有许多用语失去了感情色彩，成了常用语，如：一目十行、过目不忘等。有时会发现，对这些词语的理解有所差别，有人不了解它们原是夸张语，倾向于作字面了解，以为真的是一眼能看十行，看过的东西逐字都能记得，其实这样的人是没有的，无非是说他

'看得很快','对看过的东西有很好的记忆'而已。

降格陈述正好与夸张相反,失之于不足,格赖斯的例子是:明明人家是酩酊大醉,却称之为醉醺醺的。有时说某家孩子不大懂事,其实是已经闯下大祸。

这些修辞用法的理解,总的说来都需经过否定原义,按照一定的推理途径得出可能的转义(这些推理途径的具体描述,参看4.4)。

2.5.3　然而真正体现词汇领域推理作用的,是一般词语的一般用法。一个词究竟指的是哪个概念,每个概念又究竟是怎样实现的,均需通过推理来断定。试看以下各语中满字的理解:

（18）a. 充满空气

　　　 b. 挤满一杯奶汁

　　　 c. 厅里坐满了客人

　　　 d. 满篇都是错别字

　　　 e. 满脸泪水

　　　 f. 满腹经纶

a和b中,满的意义都是典型的'充满',然而也有区别,空气的充满是不留余地的,而杯中注满液体,顶部正常地要留有余地。这是人类的理解,没有推理能力的机器人就做不到。c中的满就很不相同,真正算起来客人只能占据客厅空间的很小一部分,客厅越高比例越小。d中的满更是因人而异,假使是一个我们对他要求较高的人,可能每页平均一两个错别字也就够得上这样的批评。但这四个例证中的满,都还指占有空间,只是程度上各有不同,而e中可就既非全部,且不是占有,而是'覆盖满'的概念,因为泪水占有的不是构成'脸'的空间,而是脸皮以外的空间。f中是一种形象说法的,而不是真实的'占有空间'。

我们可能认为这些不同的理解是理所当然,其实只有根据共同经验中各类情况中'满'的具体体现,才能推定哪一种'满'的体现是适用于当前语境的。机器人没有这种推理能力,不可能理解(18)中的各句,特别像厅里坐满了客人这样的话,连专用程序恐怕也难编。

对词义进行推理理解,并不限于像满这种指非实物概念的词。指实物概念的词也需要经过推理来理解,事实上词典中对同一个词的种种释义,大多是该词在典型情况下可能推出的理解。例如书一般指的是一种实物概念,但例如(19)中的用法就有明显的不同:

(19) 甲:王五的书写得好极了。

乙:哪儿能买到?

甲:明年才能写完呢。

乙:哦。

谁都能理解这里说的书并不指实物。它还不存在,指的是'著作'的概念。然而,听者乙起先确实是理所当然地把它理解为实物的,所以才问哪儿能买到,经过甲说明出版时间,他才推出甲指的原来是尚未写完的手稿。我们阅读这段对话,也是这样理解过来的。严格说来,甲犯了个小小的估计错误,他以为乙知道王五正在写一本书,所以第一句话才这样说,否则他应该说:王五在写本书,写得好极了,正在写的书只能指手稿,不可能是出版物意义上的实物,这样就不会有误会。

人们正是这样相互估量着对方的理解能力运用词语,赋予词语以对方可能悟出的意义,而不是背熟了词典中的释义来应用的。正因为如此,一些在语言系统中对立的成分,到了具体语境下因某种原因而相互替代,是时常出现的现象。鲍林格曾引证过一个用手'踢'的例子(Bolinger and Sears 1981:113):

……有一个骑车人曾说道:我发觉,就这么把扳柄一踢,是最容易的换挡方法(I find that the easiest way to shift gears is just to kick the trigger),说着用手做了个姿势,模拟手指握着车把,用手腕向左上方一扭。为什么说踢?这词一般是指用脚一击。

接着鲍林格作了解释,主要是说因为可以想到的其他词,如 to hit, to push, to punch 等,在动作类型上都与实际的动作不相同,只有 to kick(踢)表示'急速的动作,随后又恢复原状',而且一定暗示是向上的,所以动作类型相近,这样 to kick 就有了一个新的用法。其实,究竟是不是新的用法,我们根本不得而知,因为即使有人用过也不会有记录。我们知道的是,说话人这样用此动词时,必须要估计听话人能够推出它所指的概念,正确接受他的信息。在上述例句中他有两点保证,一是扳柄的位置在把上,因此用脚扳动是很难想象的,二是说话人用手势提示用手腕而不用脚,使正因无法想象用脚扳动而感到困惑的听者得到答案。

2.6 语法领域中的推理

语法领域中,也和词汇领域中相仿,推理作用主要体现于:1.判断符号所指概念及其体现,2.歧义形式的解歧。

2.6.1 语法形式作为语言符号,可以指向不同的概念,这些概念各有不同的体现。这一点在1.5.1中已经通过对汉语中的的和英语中的-s 所表达的'所属'意义作过详细分析,可参阅。我们当然不难看到,不仅的和-s 能作种种不同的理解,其他语法符号也普遍有这种情况。试再以前置词 for 和汉语中为为例,作一些分析。先看几个对照的例句:

(20) a. I'll feed the birds for you when you're away.

你外出期间我为你喂鸟。(替你)

b. I'll keep these fresh vegetables for you.

这些新鲜蔬菜我为你留着。(给你,替你)

c. The cake is for you.

这蛋糕是为你买的。(更常说:给你的)

从英汉各三个例句中能看出,英语中的三个 for 意思并不相同,它们是同一概念('有益于……')的三个不同的体现,a 句中是'代替'的意思,b 句中是'为……效劳',c 句中是'注定为……'的意思。汉语中这三处勉强都能用为,但又与替和给部分重叠,说明 for 和为虽有部分相同,但总的意思并不相符。而且,for 的意义还远不止这些,例如它用于表示金钱的词语前面时,表示等值或比价关系,如:

（21）a. I bought the cup for five dollars.

　　　　这杯子我花五元买的。

　　　b. We work not only for money.

　　　　我们不仅为金钱而工作。

注意在（21a）中用不上为，即此句中的 for 超出了为的语义范围，但（21b）中，又可以用为了。就英语而言，这两句里 for 的用法是同一概念'以……为代价'的同一体现。汉语中可能说<u>为国争光</u>，<u>不为五斗米折腰</u>，却不能说＊<u>为五斗米租了间房</u>，而要说<u>用五斗米租了间房</u>，可见在<u>为国争光</u>和<u>为五斗米折腰</u>中的<u>为</u>表示的概念是'以……为目标'，而不是'以……为代价'。这样，<u>为</u>能用于（21b），而不能用于（21a），也就理所当然。

　　另外，for 还能用于时空概念前，表示一个<u>显然</u>不相同的概念：'覆盖'，如：

（22）a. They lived there for four years.

　　　　他们在那里住了四年。

　　　b. They walked for four kilometers.

　　　　他们走了四公里。

在汉语中，这个'覆盖'的概念肯定不属于为的语义范围，它无需用前置词表示，直接让表示时、空概念的词语跟在有关动词之后即可，有如拉丁等语言中的"内部役格"。

　　以上通过 for 和为的用法，说明符号的"所指"指向哪几个概念，是约定俗成的，属于语言系统的规定。而一个语法概念在特定语句中如何体现，须靠推理，如我们对（20）和（21）中 for 的各种用法的理解。两个语言中可以有一定范围之内的同义符号，但由于符号各自聚合关系的不同，完全相同的语法项很少或甚至没有。

　　又如什么是主语，语言学文献中长期认为是难题。其实从允许推理的角度看主语概念的体现，根本并不存在困难。正如一般的语法形式所示，主语与主动态或被动态谓语连用，它无非就是谓语动作或状态的主动体现者或被动承受者。这是一个概括性很强的抽象概念，但经过与动词的意义联系起来考虑，就不难推出各种具体的关系。假使动词意义是'打'（打、揍，beat），那么主语是典型的动作发生者（施事），相反，如果动词意义是'被打'（被打、挨揍，is beaten，are beaten），那么主语就是动作的承受者（受事）。'打'和'被打'是两个对立的概念，不可能合一，但"主语"这个符号的"所指"，也就是它的"意义"，可以指向不同的概念，根据推理可以指施事，也可以指受事。这是语言中的事实，我们所以说"意义"指向概念而不同于"概念"，就正是根据这类语言中的事实。假使动词意义是'看见'，那么主语是一个知觉过程的经历者。假使说的是<u>钥匙开门</u>/The key opened the door，那么钥匙就是动作发出者，至于其实钥匙并不会发出动作，真正的动作发出者是人，那是根据句子意义大家都能够推出的，但句子并没有这样表明，也无需这样表明。假使说是'煮'，那么至少汉、英词汇系统都告诉我们，主语有两个可能，一是动作的发出者，适用于例如：<u>妈妈在煮土豆</u>/Mother is cooking the potatoes，另一是烧煮过程的经历者，适用于例如：<u>土豆在煮</u>/The potatoes are cooking. 在后面一句中的动词，不是及物动词 cook 的意义'煮……'，而是不及物动词 cook 的意义'经受烧煮过程'，所以等于是说'被煮'，主语是受事。至于<u>芝加哥风大</u>/Chicago is windy，更是很简单的芝加哥的一种状态，大家既然都知道芝加哥是地点，那么自然也能推出<u>芝加哥风大</u>/Chicago is windy，就等于 It is windy in Chicago。（本段落中的英语例句，均引自 Fillmore（1968）;Fillmore 的格理论说明了语言中确实存在的现象，有很多用处，这里只是借用他的例句，说明主谓语的关系可以从谓语的意义中推出，并不是一般地驳斥格理论。）

2.6.2 上下文或语境在解歧中的作用已经讲得很普遍。然而，显而易见，上下文或语境都不可能自动起到解歧的作用，而只能有助于触发一个推理过程，从而使听话人作出判断，在几个可能的解释中选择一个更为可能的。拉丁语和俄语都是形式丰富的语言，然而即使是它们的基本语法形式，也颇多同形异义现象，须经推理才能确定意义。例如拉丁语的 puellae 就是同形异义的，可能是 puella（女孩）的单数生格，也可能是它的复数主格，原因是 -ae 这个词尾兼能表示这两个格。俄语中的 devushki，也完全一样，意义也是'女孩'，也能表示这两个格。在一般情况下,在句子范围内就能经过推理确定用格。
例如:

(23)

拉丁:Puellae　　　　　patrem　　　　　amo.
　　　女孩——生格　　　父亲——宾格　　爱——单数第一人称
俄语:Otsa　　　　　　devushki　　　　ljublju.
　　　父亲——宾格　　　女孩——生格　　爱——单数第一人称
我爱女孩的父亲。

推理过程基本上是这样的:既然 amo 和 ljublju 明晰表示谓语是单数第一人称,那么只能选择单数主格的名词作主语,既然句中找不到,只能认为主语空缺(这在这两种语言里均属正常现象)。puellae 和 devushki 因为句中已有主语(虽然省略了并未表达出来),而且这两个名词如果是复数主格,与动词在"数"上不匹配,所以不可能为主语,主格的解释被排除,剩下自然是生格的解释,而按生格解释,整句的意义为'我爱女孩的父亲',是讲得通的,所以就作为句子的释义。

然而,有时在句子这层次上依旧是歧义的。例如:

(24)

拉丁:Puellae　　　　　patrem　　　　　amant
　　女孩—生格?　　　　父亲—宾格　　　爱—复数第三人称
　　　主格?
俄语:Otsa　　　　　　devushki　　　　ljubljat
　　父亲—宾格　　　　女孩—生格?　　爱—复数第三人称
　　　　　　　　　　　主格?
人们爱女孩的父亲。/女孩们爱父亲。

这两句话所以有歧义是因为拉丁和俄语中谓语用复数第三人称时,主语均可空缺,构成所谓的不定人称句,作'人们……'解。因此以上两句话中的 puellae 和 devushki,作生格解是'父亲'的修饰语,作主格解是句子的主语,均可讲通,而且词序也是各该语言中通用的,所以有'人们爱女孩的父亲'和'女孩们爱父亲'两个解释,须在更大的语境中,经过推理排除其中之一,才能得出应有的解释。

以上(23),(24)两组例证说明,即使在形态复杂的语言中,连格变形式这种最基本现象的解释,也须经过推理才能理解,可见把语言系统理解为一种单凭形式特征就能区别清楚的机械系统,实属不妥。

2.7 词汇作用于语法所引起的推理

因为句法自主论谈得较多,人们不大考虑词汇对语法所产生的作用。其实像英语,就有以下的用例(引自 Fillmore 1972),最适于从词汇影响语法的角度来说明:

(25) a. Harvey viciously took advantage of Melissa.

(哈维恶毒地占梅丽莎的便宜。)

b. Melissa was viciously taken advantage of by Harvey.

(梅丽莎被哈维恶毒地占了便宜。)

c. Harvey willingly took advantage of Melissa.

(哈维乐意地占梅丽莎的便宜。)

d. Melissa was willingly taken advantage of by Harvey.

(梅丽莎乐意地被哈维占便宜。)

以上四句按结构分是两对,a 和 b 是一对,a 是主动形式,b 是相应的被动形式,c 和 d 是另一对,除换了一个副词(viciously 换成了willingly)之外,一切都与前一对句子相同。然而解释起来,后一对中c 句的 willingly 修饰哈维的动作,而 d 句的 willingly 就修饰梅丽莎的承受了,这符合副词就近修饰动词的一般规律。而前一对句子中viciously 都修饰哈维的动作,这是为什么呢? Fillmore 的解释是,viciously 一类的状态副词只与句中的深层施事(underlying agent)挂钩,而不受表层主语的影响。willingly 不属于这一类,所以受到影响。但是为什么 viciously 要属于特殊的一类,这一类副词为什么只与深层施事挂钩,属于这一类的还有哪些副词,这些问题都没有回答。

而从词汇作用于语法的观点看,viciously 在我们的世界知识中是与主动加害于人相联系的,因此按其词汇意义应该是施事动作的修饰语,假使语法关系表示的是相反的,我们就根据推理而予以否定。这样一切都迎刃而解:a,c,d 三句按语法结构所作的解释,因为符合情理,所以不加思考地就予以接受。而 b 句按语法结构作出的解释是:'梅丽莎恶毒地被哈维占了便宜。'这解释被我们的世界知识所拒绝,于是就把'恶毒地'调整到哈维身上,这样就可以接受了。此外,如用 maliciously,也是同样情况。

汉语中词汇作用于语法的明显例子,是主动和被动的判定。汉语中的被动态,正如其他许多语法概念如数、体、式等一样,是隐现式的,即既可有表达形式,又可没有形式,而且意义明白时以没有形式为主。而所谓意义明白,就是说按词汇意义即可推出句子为主动或被动态。例如:

(26) a. 台上站着两个人。

b. 台上放着两盆花。

c. 花已经浇过了。

d. 我已经浇过了。

(26a)和(26b)结构是一样的,但从<u>人</u>和<u>站</u>,我们推出主动关系,从<u>花</u>和<u>放</u>,我们推出被动关系。意义是明白的,因此汉语里不用 * <u>台上被放着两盆花</u>。同样,我们判定(26c)为被动态,而且一般不说<u>花已经被浇过了</u>。(26d)照讲应该有点上下文联系,即一般用于上文提到过花时,但事实上,例如在家人之间,没头没脑说这么一句也是常有的事,因为意义已经明白,不论有没有上下文,主动关系都是明确无误的。

正因为不区分主、被动态是正常的,明晰的被动态就成了一种表示意外、重视等加重语气的有标记表达式。试比较以下各组例句:

(27) a. 花已经浇过了。

b. ? 花已经给浇过了。

c. 花已经被(用)开水浇过了。

(28) a. 信已经收到。

b.　? 信已经被收到。

　　c.　信已经被截住。

(29)　a.　城已经攻破。

　　b.　城已经被攻破。

　　c.　城已经被敌人攻破。

　　(27)和(28)说的是普通事情,无需强调,所以(27b)和(28b)一般不能接受,但如果有了任何比较不平常,值得重视之点,明晰的着重态就是自然的选择,如(27c)和(28c)。而假使所讲述的不是日常琐事,事件本身就有值得强调之处,那么也就并不排斥明晰的被动态了。因此(29)中三句都是通用的。

　　正因为汉语中主动和被动,在语法形式上常无区别而需要依靠根据词汇的推理,所以当词汇意义也无法区分主、被动时,就产生歧义句,与2.6.2中的(24)相仿,须通过根据更大语境的推理才能决定选择一个比较可取的释义。例如以下各句就是这种情况:

(30)　a.　鸡不吃了。

　　b.　妈妈叫过了。

　　c.　他去医院看过了。

　　(30a)有'鸡不吃食了'和'我们不吃鸡了'两种解释;(30b)既可以是'妈妈叫过我们了',也可以是'我们叫过妈妈了';(30c)既可以是'他去医院观看过了',又可以是'他去医院让医生看过他的病了'。但是显而易见,在上下文中,经过推理不难断定哪一种是需要的解释。

　　本章讲了单句层次上如何应用语言系统,以及音系、词汇、语法的表达和理解均需涉及推理的大致情况,第三章进一步讲语篇层次上语言系统的应用,第四章详细讲语言中的推理过程。

第三章
语言系统在语篇层的使用：连贯性的建立

第二章中讲的是，符号如何进入组合关系，构成句子。这一章要讲句子如何获得连贯性，构成话语，或称语篇（包括书面的和口头的）。话语或语篇，一般说来都由一个以上的句子构成，但也不排斥单句，甚至单词句。判断标准在于具体语境中有没有连贯性，也就是看说这话有没有可觉察的目的性，即通常说的"通不通"，英语中的说法是："Does it make sense?"因此，例如说：这是阅览室，请保持安静，意思是通的，有连贯性。假使在阅览室，或其他可以想象需要安静的地方，看到写着一个静，或听到人说：安静，虽然只是一个词构成的语篇，可是我们结合具体环境，也将它作为要求保持安静的信息接受，因此也是通的，我们也把它称为"有连贯性的"，因为它和具体情景有联系，能使人领会它的信息。

语篇既然绝大多数由一个以上的句子构成，它的连贯性主要体现于语句之间，可以由句子之间语言上的形式联系，或由语句顺序的语用规则来表示，但最主要的还要依靠语句的意义通过推理来建立。以下顺次讨论这些方面。

3.1 语篇的形式表示：粘合

语篇中句子的相互联系在各种不同的语言里有不尽相同的形式表示，这是语言系统的作用在语篇层次上的体现，也可以称之为语篇语法。一般把这种现象称为"粘合"（cohesion）。韩礼德和哈桑所著《英语中的粘合》（Halliday and Hasan 1976）一书，首先系统研究了英语中的粘合关系。它从音系、语法、词汇等方面探讨英语中表示句间联系,促进语篇连贯性的各种手段。以下根据他们的途径,用汉语材料作一简单说明,以便显示在语篇层上依旧有一些有形的因素在起着促进语篇连贯性的作用,而且这些因素起作用的方式大多是由语言系统所决定,因此是因语言而异的。

音系方面,语调和重音所起的语篇作用是大家所熟悉的,例如:

(1) 甲:李胖买了辆桑塔纳。

　　乙:李胖买了辆桑塔纳。

乙说的话假使语调、重音都与甲的话相同,就意思不通,不成其为对话。但只要一用升调,就是完整无缺的对话:

(2) 甲:李胖买了辆桑塔纳。

　　乙:李胖买了辆桑塔纳↗

重音也能起同样的使两句话"粘"在一起的作用,所以把语调和重音结合在一起,这句话很容易就能具有以下各种不同的表达:

(3) 甲:李胖买了辆桑塔纳。

　　乙:a. **李胖**买了辆桑塔纳↘(李胖也买了,真出人意料。)

　　　　b. 李胖买了辆**桑塔纳**↘(没料到居然是桑塔纳。)

　　　　c. **李胖**买了辆桑塔纳↗(他也能买?)

　　　　d. 李胖**买了**辆桑塔纳↗(买的?我以为是借的。)

　　　　e. 李胖买了辆**桑塔纳**↗(桑塔纳?我以为是日本车呢。)

起粘合作用的语法手段有省略、代词的使用等。以前常把这些解释为说话时为了方便起见,在可以允许时所作的简化处理。其实它们根本不是仅求省力的消极因素,而是促进语篇结构的积极手段。试比较以下各例:

(4) a. 这本书是最近刚出版的。它主要写的是市场经济下的人际关系。

　　b. 这本书是最近刚出版的。这本书主要写的是市场经济下的人际关系。

（4）中的例句 a，因为用代词它来指这本书，所以前后两个句子联系紧密，意思明确。而例句 b，因为没有用代词，重复用这本书，意思反而不明："刚出版的"和"写市场经济下人际关系"的，究竟是同一本书，还是两本书？

再看省略所起的作用：

（5）a. 甲：面下了没有？

　　　　乙：下了。

　　　b. 甲：面下了没有？

　　　　乙：面下了。

（5）中的例句 a，用了省略句下了，主语的省略反而使前后两句联系紧密，构成一个意思明确的语篇，使人知道已经'下了'的一定是甲所问到的面，而且面既已下锅，肯定不久就可食用。相反 b 中重复主语面后，意思反而不明：为什么不回答下了，而要强调面下了，会不会意味着'面下了，炉子里的火却熄了'？因此我们觉得两例中的 b 倒反是较不完整的语篇。

有些粘合手段，虽然各种语言中都有，但具体的用法各不相同，却与各个语言中的语法规定有关，也就是说约定俗成的因素明显。例如省略是汉语中和英语中都普遍采用的粘合手段，然而省法不同，汉语中常省剩一个动词，英语中不能省剩一个动词，却常把动词省略而留下主语和助动词。例如：

（6）	汉语	英语
	甲：你吃了吗？	A：Have you eaten？
	乙：a. 吃了。	B：a. ＊Eaten.
	b. ＊是的，我了。	b. Yes，I have.
（7）	甲：你昨天见到她吗？	A：Did you see her yesterday？
	乙：a. 见到。	B：a. ＊Saw.
	b. ＊是的，我到。	b. Yes，I did.

代词的用法粗看相仿，其实大不一样。英语中代词指上文最近的名词，这一语法规定遵守得比较严格（但也不彻底），汉语中则在指称最

近的名词时,不一定要用代词,较多重复名词,或予以空缺。试看以下例句:

	汉语	英语
(8)	a. 我丈夫收到了老张的来信。老张说他在那里过得很好。	a. My husband has received a letter from John. John says he is having a good time there.
	b. 我把你要的书带来了,(* 它们)放在你桌子上。	b. I have brought the books you need. They are on your table.

(8a)汉语中第二句的老张无疑即指写信人,因为虽然说话人的丈夫也可能姓张,她也可能称他老张,但汉语的用法允许重复,所以首选的释义是'写信的老张'。按英语语法,第二句中如果再提到写信的John,应用代词 he 来替代,才能明确无误,这里不用代词 he 而用名字John,使人觉得是指另一个 John,可能就是收信人(my husband),而叫 John 的又很多,不能从语用的角度排除这一解释,所以语句含义不明确。(8b)句则更明显,汉语中它们作为主语是一定用不上的;英语中却有动词就必须有主语。

连接词语(connective)也是一种粘合手段,它除了连词(conjunction)之外,还包括某些起连接作用的副词(如:therefore,however,nevertheless)等。它们作为语法成分带有许多约定俗成的因素,影响到语言的结构。例如:汉语中的当、之前、之后,与英语中的when、before、after 相当,然而在英语中由这些连接词引接的从句,可以在主句之前,也可在主句之后,然而汉语中一定要用在主句之前,与汉语中修饰语必须用在被修饰语之前相一致。例如:

	汉语	英语
(9)	a. 当他收到信时,我们都在。	a. When he received the letter, we were all there.
	a'. ?? 我们都在,当他收到信时。	a'. We were all there when he received the letter.

b. 念完信之后,他开始作复。	b. After he had finished reading the letter, he began to write in reply.
b′. ?? 他开始作复,念完信之后。	b′. He began to write in reply after he had finished reading the letter.
c. 念完信之前,他就开始作复。	c. Before he finished reading the letter, he began to write in reply.
c′. ?? 他就开始作复,念完信之前。	c′. He began to write in reply before he finished reading the letter.
d. 因为病了,他没有来。	d. ? Because he was ill, he didn't come.
d′. 他没有来,因为病了。	d′. He didn't come because he was ill.

从例句可以看出,汉语中的从句由于它们起修饰语的作用,所以大多要放在前面,但<u>因为</u>却不属此列,放在前后均可。英语中从句前后都可放,但 because 一般却必须放在后面,这种因词而异的任意性,恰恰是语言系统的特性。

表示各种语句间关系的副词,如<u>此外</u>、<u>而且</u>、<u>因此</u>、<u>从而</u>、<u>结果</u>、<u>所以</u>、<u>相反</u>、<u>却</u>等等,汉语中因为它们是用来连接句子的,所以一定放在两句之间,即下一句之首,可以说是一种自然位置。例如:

(10) a. 汤姆学习很好,而且还进了大学。

b. 汤姆学习很好,所以进了大学。

c. 汤姆学习很好,结果进了大学。

d. 汤姆学习很好,却没有进大学。

英语中两个小句的顺序也与汉语相同,但副词在后一句中的位置却不一定在句首,例如(10b)除与汉语相同的词序外,还可说: Tom studied well. He was therefore admitted into a university; (18c)还可说：Tom studied well, and he was admitted into a university as a result。

复指用语是词汇性的粘合手段,它的一条基本规则是用上位概念的词可复指下位概念的词,即用更概括的词复指较具体的词,而不是相反。试比较:

(11) a. 客人:我来帮你把杯子洗了。

主人:把茶具留着,待会儿还有用。('茶具'是'杯子'的上位概念,当杯子之外没有其他茶具时,主人的意思就是杯子不必洗)

b. 客人:我来帮你把茶具洗了。

主人:把杯子留着,待会儿还用。('杯子'是'茶具'的下位概念,故不能理解为复指'茶具',而理解为仅指'杯子',即主人同意让客人去洗杯子之外的其他茶具)

正因为确定上下位关系要涉及概括和分类的问题,复指已经可能会涉及人的不同认识,例如"保守派"是骂人的称呼,还是褒义的名称呢? 各人有不同看法,所以以下两句话都可能是符合事实的:

(12) a. 张三称李四为保守派。李四认为是一大侮辱。

b. 张三称李四为保守派。李四认为是一大荣幸。

这两句话中都把李四列入保守派范畴,但被称为保守派是侮辱还是荣幸,则因人而异。

3.2　语篇的语用规则:描写顺序

这里讲的是,不用连接词语时,事物或事件习惯上都有一个描写的先后顺序。按动作先后的次序进行叙述,无疑是大家首先会想到的:

(13) a. 他在椅子上坐下,拿起桌上的文件,看了一遍,就提笔签名。

b. 他提起笔来,看了一遍桌上的文件,签了名,在椅子上坐下。

显然,a句中先坐下(因此我们理解就坐在签名的桌旁),然后签名,b句中先签名,后坐下(我们理解不坐在签名的地方)。

所谓先后次序,指的是动作的前后。假使谈到的不是动作,而是状态,它的描写次序,范·戴克(van Dijk 1977:107—108)曾概括为:

状态的描写次序:

1. 一般——具体
2. 整体——部分/构成部分
3. 集——次集——成分
4. 包容体——被包容体
5. 大的——小的
6. 外面的——里面的
7. 拥有者——被拥有者

他就这些用法各举一例如下:

(14) ① 彼得老迟到。今晚他也不会准时。

② 她能看到哈利。她能看到他壮实的肩膀、他稳健的步履……

③ 许多女孩儿都来应聘。她们中有些是应邀来同在职人员会见的。

④ 桌上有一只大玻璃杯。里面是粉红色的液体。

⑤ 彼得爬上那座松树覆盖的小山。松树下面是浓密的灌木丛。

⑥ 我们来到一所孤零零的旅店。店里已经点灯。

⑦ 彼得衣衫褴褛。他的牛仔裤有很大的洞。

3.3　构成语篇的关键是连贯性

以上两节介绍了粘合手段和语用顺序,它们都有助于语篇的构成,然而人们并不能仅依靠它们构成语篇。

首先,语用顺序的作用是相对的。就以动作先后而论,虽说自然的顺序是先发生的先说,后发生的后说,但凡是我们认为理所当然的顺序,就常能对书面上的先后顺序进行调整。也就是

说,两句话理解出来应有什么关系,它们之间就是什么关系。试看以下两句:

(15) 约翰给了皮尔一拳,皮尔倒在地上。
(16) 皮尔倒在地上——约翰给了他一拳。

把人击倒在地是经常发生的情景,所以(15)理解为符合顺序的描写,(16)理解为指同一件事,但顺序颠倒,因此后一句读起来应具有补充说明的语气。而假使是皮尔先倒地,约翰再给他一拳,因为这是比较不寻常的事,所以常用明晰的<u>先</u>、<u>又</u>等词来表明顺序,如说:<u>皮尔(先)倒在地上,约翰又给了他一拳。</u>

事实上(14)所举各例都只能说是反映了自然的描写顺序,只要增加补叙语气,各句间的顺序都能颠倒,如:

(17) ① 彼得不会准时来的。他老迟到。
② 她能看到他壮实的肩膀、他稳健的步履……她能看到哈利。
③ 有些女孩儿已经是应邀来同在职人员会见的——应聘的人很多。
④ 桌上有粉红色的液体,放在一只大玻璃杯里。
⑤ 松树下面是浓密的灌木丛——彼得爬上的那座小山为松树所覆盖。
⑥ 前面是幢已经点灯的房屋——我们来到了一所孤零零的旅店。
⑦ 彼得的牛仔裤有很大的洞。他的衣衫很褴褛。

不仅语用顺序须受语义解释制约,即使粘合手段,虽说是各语言系统所规定的,然而仅靠它也不能构成语篇。例如以下一段话,粘合手段齐全,然而不成其为语篇:

(18) 我的邻居叫张三,他家有个小学生,学生大多来自上海郊县,那些地方离开大城市不远,大城市中化妆品充斥市场。

听到这样一段话,谁都会说"不通"。因此语篇的关键不在连接手段,而在内容通与不通,或者说有没有连贯性。那么连贯性(coherence)

是什么,它如何体现在语篇中呢?

3.4 相关性是连贯与否的标准

我们以什么标准来判断说话的连贯与否呢?斯珀伯与威尔逊(Sperber and Wilson 1986)提出把格赖斯的四条准则归结为一条相关性准则,我认为很有道理,人们判定说话连贯与否的标准,就是语句本身各个成分之间以及它与语境(包括上下文和具体情景)之间是否有相关性。通常的说法是句子通不通,整篇话通不通。

所谓相关,是听话人认为说话的内容与所谈到的对象有某种联系,这时话语就是连贯的,如果他意识不到任何联系,那就是缺乏连贯性,就不通。这是一个远比真理条件更为宽泛的概念,因为不仅与真实现象有关的话,而且与虚假现象有关的话,以及与错误理解了真实或虚假现象有关的话,总之只要是听话人能够意识到某种关系的,都可以认为是相关的。

因此,说<u>地球绕着太阳转</u>和<u>太阳绕着地球</u>都是能够意识到的一种关系,因此都是相关,因而是连贯的。当然只有前一句是对的,但假使无法把后一句说出,并作为连贯的话语加以理解,又如何能说明并使人相信'太阳绕着地球转'是错误的认识呢?<u>地球正在缩短与太阳的距离</u>,我根本不知道这句话是对是错,但无疑它是连贯的,我能够理解它所表达的关系,我等待天文学家来判定它是真理还是谬误。<u>星星都在唱歌赞颂太阳</u>,无疑这句话也是连贯的,我们能够理解它所表达的关系,但我们判定,与以上所举各句不同,这里表达的不是现实世界中的真实、虚假或可能的关系,而是一种想象世界中的譬喻的关系。这是因为我们判断,不仅我们自己,而且说话人也不可能相信'星星在唱歌'是一种真实的关系,但是他又认真地这样说了,因此根据合作原则,我们断定他采取的是譬喻说法,从而把我们引入想象的世界,而在这个世界中不仅'星星唱歌',而且'星星歌颂太阳'也都是我们所能够意识的关系,因此才确定句子的连贯性。假使在这上下文中我们再念到<u>地球正在奔向太阳</u>,我们不仅肯定它是连贯的,而且此时我们不再等待天文学家来判定它的真伪,因为我们已经知道这是想象世界中的关系,'奔向'也像歌唱一样是表示热情的一种方式。总之,不仅现实世界,而且各种可能世界中的关系,都可作为确认说话连贯性的依据。

3.4.1 那么如何来确定或界定这相关性呢? 也就是说,说话人怎么知道什么是相关的,什么是不相关的呢? 计算语言学倾向于采用普遍型式(global patterns)作为解释途径,也就是说认为人们的头脑中有一些普遍的事物相互关系和前后相随的知识版块,据此可以识别当前所述事物的相关性。对这方面的研究,包格朗和德累斯勒曾有简明扼要的描述(Beaugrande and Dressler 1981:90—91):

> 某些类型的普遍型式(global patterns)作为完整的版块贮存起来,因为它们有许多用途。**框架**(frame)是与某一中心概念有关的常识性内容的普遍型式,例如:储蓄罐、生日集会……框架表明哪些事情原则上认为是牵连在一起的,但并不表明它们之间发生或叙述的顺序。**步骤**(schema)是由时间因素或因果关系所制约的有序事态或状态的普遍型式……与框架不同的是,步骤总是顺序前进的,所以据此可以在文本世界中推出下一步发生的或叙述的将是什么。**计划**(plan)是导致某一目标的各种事态和状态的普遍型式……计划不同于步骤的是,计划者(也就是文本的创造者)是从促成他的目标这一点来估量一切因素的。**套本**(script)指常见的老套计划,用以突出参与者的作用,以及他们意料之中的行动……因此套本不同于计划的是有一套老规矩的常规行动。

这样说来,凡是符合普遍型式中情节的,都是连贯的,反之是不连贯的。这是一个很方便的解释相关性的方法,我们在书中适当处也将用到,并且统称之为"框架",因为无论是有序或无序,有目标或无目标,老套或非老套,反正都指人们概念中连在一起的事态或状态。

在性质上,这样的解释方法相当于用指出情景的办法来解释歧义的排除。它的优点是简便,只要一点就明白,不足之处是它不能说明人们为什么能依靠它来确认语句的连贯。其实一切所谓的普遍型式后面都有着世界知识。正因为我们知道生日集会上要吃生日蛋糕,吃蛋糕前先要点蜡烛,然后过生日者祝愿并吹灭蜡烛,然后大家吃蛋糕。因此生日的普遍型式告诉我们以下行动和描述它们的话语都是连贯的：1. 张三生日大伙送他一只大蛋糕（根据"框架"）；2. 点了蜡烛，大家要张三祝愿，祝过愿不管作者提到没有，蜡烛一定先被吹灭，然后才吃蛋糕（根据"步骤"）；3. 买蛋糕、点蜡烛、促张三起愿、帮同吹灭蜡烛都是为了使张三愉快度过生日（根据"计划"）；4. 起愿、带头吹灭蜡烛的，必然是做生日的人（根据"套本"）。

有时说话人和听话人的世界知识不全相同，这些普遍型式工作起来就不那么顺利，使得一般情况下无意识地进行的推理过程，会变得需要有意识的推理。例如，C·P·斯诺的小说《理智的沉睡》(*The Sleep of Reason*)第二章中，有这样一段主人与宾客入席时的对话：

(19) 原文	直译
"About the Court meeting — discussion tonight forbidden，" he (Arnold Shaw) announced...	"关于校务会的会议，今夜禁止谈，"他（阿诺特副校长）宣称……
"That's going a bit far, Vice-Chancellor，" he (Denis Geary) said...	"那有点过分，副校长，"他（丹尼斯）说……
"Absolutely forbidden."	"绝对禁止。"
"With respect—" Denis began.	"怀着敬意——"丹尼斯开腔要说。
"Host's privilege，" said Arnold Shaw.	"主人的特权，"阿诺特·萧说。
Denis looked over at me, gave a slight shrug.	丹尼斯向对面的我看了一眼，稍稍耸了下肩。
"If you say so，" he said with a good grace. He knew when not to force an issue...	"要是你这么说的话，"他文雅地说道。他知道什么时候适可而止……

中国人读这段对话或它的直译,会感到有点费解,因为在汉语中关于主宾对话的普遍型式中,不常有主人宣布"主人的特权",这意味着什么呢?我们也不熟悉,说<u>怀着敬意</u>是什么含义,还有说<u>要是你这么说的话</u>,下面不再有下文,也是我们所不熟悉的。但是只要稍想一下,我们还是能理解这段对话。首先,<u>要是你这么说的话</u>,显然是'既然你这么说'的意思,因为<u>要是</u>和<u>既然</u>在语言的实际应用中常是近义词(虽然在逻辑上它们是不同的),而且这样来理解,信息就是不再坚持己见,与下文<u>文雅地说</u>、<u>适可而止</u>都连贯了。其次,虽然我们在汉语里总是强调主随客便,不大会重申"主人的特权",然而这里主人先发过禁令,现又重申权利,于是客人只得耸耸肩声称顺从主人,这样是讲得通的。于是从这样的逆行推理中得出适用于英语的前提知识:主人有权决定话题的范围。当然这样得来的知识还只能作为一种假设,需由实践来验证。倒是<u>怀着敬意</u>……这几个字容易蒙混过去,如果我们理解为丹尼斯刚要说什么,也就是把 with respect 理解为 with respect to...(关于……),却被主人打断了,似乎也讲得通。这时就要依靠正确的语言知识起作用,因为在英语中,with respect 和 with respect to 意义不同,前者也不可能是后者的缩略式,而一开口就说 With respect,根据"步骤",意味着反驳的话就要来了,相当于说:<u>尽管我对你满怀敬意,然而</u>……因此主人没让他说下去就急于重申"主人的权利",这才是这段对话的真正意义。

这样看来,普遍型式所以常常能起到一点就明的作用,是因为它背后的推理过程是熟悉的,能够无意识地加以完成,否则就要觉得费解,需要"推敲",而所谓"推敲"其实就是进行有意识推理判断。这样看来,普遍型式或框架背后时常有推理在起作用。

3.4.2 范·戴克(van Dijk 1977:134)所提出的宏观结构(macrostructure),以逻辑命题作为中心内容的表达形式,并且认为其他有关的命题都是从中心命题"衍推"(entail)或"推理"(infer)而得出来的。这基本上就是从推理的角度,说明框架(广义的,即普遍型式,下同)是怎么来的。他分析一段引文,认为它的主题用普通语句表达就是:<u>一个名为费维尤的小镇正趋衰落,因为它不能与另一</u>

<u>个名为本顿维尔的镇竞争</u>,而用逻辑式表达则为:

镇(a)＆镇(b)＆[-能a(相竞争(a，b))]
(e)＆促成(e，f)＆[衰落(a)](f)

可读为:有一个镇(用a来表示),另有一个镇(用b来表示),a不能与b相竞争(用e来表示这一事实),e促成f,f表示a衰落。

进一步,范·戴克讲到从中心命题推演出其他命题的过程:

我们知道,命题[衰落(a)]衍推出以下一命题:
兴旺(a，ti)＆-兴旺(a，ti＋j)

依据我们所知道的实际情况的集F中给定的命题,我们就能推出:

[镇(a)＆兴旺(a)]←□□→[有(a，c)＆工业(c)＆有盈利的(c)]

用通常的语言可以这样说:"某a衰落"就必然意味着"某a曾一度(用ti来表示)兴旺,而此后(用ti＋j来表示)不兴旺了"。这是从<u>衰落</u>这个词的词义所衍推出来的,然后根据我们的知识(所谓"实际情况的集"),兴旺的城镇一定有赚钱的工业,所以我们推出:"某镇兴旺一定因为某镇有盈利的工业,"这就是后面一个推演式的意思。

由词义作出的衍推是相对固定的,而根据世界知识(范·戴克所说的"实际情况")所作的推理,则因提取的知识不同,而可以不同,甚或相反。事实上在当前商业时代,我们的知识已有所不同,有盈利的工业已经远远不是兴旺的必然条件,考虑到许多兴旺的商业中心和旅游城市,我们会把推理中的"一定"改为"可能",即将逻辑式中的两个长方块改成一个。然而假使我们这样去解释工业时代一位作者说的话,我们恰恰歪曲了他的意思,因为在他的世界中事实正好如范·戴克所示,兴旺必然意味着有赚钱的工业。可见,对文本的不同解释,主要来自提取的知识有差距,这是语言交际中的事实,不可能像形式主义语言学希望的那样,通过语言形式的分析予以排除。

显而易见,这并不是唯一可能的推断,即使在工业时代,兴旺的城市也还必然有繁荣的商业、忙碌的交通、众多的建筑等等,而衰落的城市则商业凋敝、房屋失修、道路坑洼,这就是兴旺城市和衰落城市的不同框架。范·戴克是这样说的:"引文中所表达的这些以及其他的命题,构成一个所谓的框架,也即对世界上某种现象(如经济兴旺和衰落)的知识次系统"(van Dijk 1977:135)。范·戴克的宏观结构,要义就在于指出所有这些命题都能从中心命题推出。文本的连贯性很大程度上不仅体现于语言表达,即语言中明白说出的,而且体现于语言表达和它所促成的推断之中,也即言内和言外的全部含义。

这样看来,普遍型式(或框架)和宏观结构所处理的对象是一致的,区别在于角度,前者讲事件和相互联系及其联系方式,后者讲它们怎样可从一个中心事件或状态推演出来。而框架和宏观结构的基础,都是说话者的世界知识,按一定的角度把这些知识间出现的规律性整理出来就成为框架,而按推理过程把一个中心命题(一条知识)推导到其他命题的规律分析出来就成为宏观结构。

我认为,知识框架和宏观结构的共同作用,可以大致地解释我们理解语篇的基本过程。但这并不是一个机械的过程,因为不仅要依靠世界知识和推理,而且推理前提的调用,特别是说话双方对彼此知识范围的估量(下面还要讲到),都要依靠主观意识活动的参与并做出决定。所以这里最重要的是意识活动,不是依靠尽量多地在电脑里贮存些根据各种宏观结构中可能提出的现成的知识框架所能取代。

3.5 语言如何体现连贯性:效率原则

上一节通过框架和宏观结构的理论,说明语篇连贯性的基础在于说话人的世界知识和推理能力,它的表现形式则为各种框架(或称普遍型式)。这一节中要换个角度说明语言体现连贯性的特点,即效率原则,或称省力原则。

词汇无论如何丰富,语法无论如何灵活,都必然地不如我们思想多样和变化无穷。而且,说话的具体环境不允许我们充分调动我们所掌握一切语言手段,寻求比较全面详尽的表达,来体现话语的连贯性。这一点在现代生活中表现得尤为突出,词斟句酌、慢条斯理的说话方式不仅被认为噜苏(不符合生活节奏),而且是装腔作势(不符合民主作风)。因此,我们的说话经常是一个在有限时间里,利用瞬间所能够提取的不完善的工具,尽量有效地传递信息的过程,为此,充分利用听者的智力和知识,是必不可少的一环。好在听者同时也都是有说话经验的人,他知道人们说话是遵守合作原则的(Grice 1967),他们说的话原则上都是连贯的,但这连贯性很可能并不存在于话语的表面,而需要由听者自己去建立。所以听者总是从有连贯性的角度,去理解对方所说的话,有歧义处予以解歧,有漏洞予以补足,尽量对说话的意义和含义作出自己的解释。在这样做的时候,他不仅需要利用他的语言知识、世界知识和语境知识,从而作出推理,而且他还必须考虑到说话人的意向和"知识系统"。

这就是说,由于工具和说话环境的特点,在听者的理解过程中必然需要涉及他的主观判断。因此,误解是不能排除的。形式主义语言学不愿意承认语言系统的不精确性,不愿意考虑推理在语言应用中的作用,原因之一就是不愿承认说话是可能有误解的。然而误解是语言交际中常见的事实,假使说语言按其性质必须是不可能被误解的,岂不反而不合事实?从实践的角度看,误解并不等于语言交流的失败,因为听话人作出错误解释后一定会在他以后说的话中,或随后的行动中反映出来,对方因此会发现他的错误理解,并予以纠正。假使是独白体裁,如长篇演讲或书面著作,一般说来作者首先会使用更明确周全的表达,听者或读者也会在继续听或读下去的过程中发现并纠正自己的错误理解,至于说听众和读者最终还会对全文有各种不同的理解,那是实际存在的事实,语言学必须承认它的存在。这本是我们应用语言过程中都曾有过的经历,只是因为许多语言学理论都不把实践的检验考虑在内,所以总企图追求一个能够精确无误地表达意义的语言系统。

3.5.1 周密的表达不是目标。修辞教材常无条件地强调表达的周密性,其实除了法律文书之类的用语之外,要求周密的是思想内容而不是表达形式。即使法律文书,也只可能在法律上有出入的方面力求周密详尽,不可能在所有方面都做到如此。首先,这是因为周密详

尽的陈述是人们所承受不了的。例如在日常用语中,(20)已经是足够完整的一句话:

(20) 我明天不能来上课了,我要陪我母亲去医院。

即使是向最严格的教师请假,也至多想到补充一下母亲的病情和自己陪伴她的必要性,如说:

(21) 我明天不能来上课了,要陪我母亲去医院看病,她已经高烧一星期,家里又没有别的人可以陪她去。

在日常用语中,这已经是很周详的表达,一般不会再添加什么,但事实上还有许多环节没有交代清楚:上医院为什么要有人陪伴,去过医院后为什么不能赶回来上课,为什么陪母亲去医院和上课之间要选择前者? 但是把这些都交代清楚的说明,实在叫人受不了:

(22) 我明天不能来上课了,因为我母亲发高烧,连续一周都是摄氏三十九度五,医生要她去医院检查。她一个人去不了,得有人陪着,家里没有别的人,因为我是独生子女。按说去过医院还能来上课,可那医院特远,非得过了中午才能回家里,而明天我们的课都在上午,所以都赶不上。我并不希望缺课,可是上课与照顾母亲相比,我认为后者更为重要。

要是谁这样说话,人们不会认为他头脑清楚,反而会怀疑他心怀鬼胎,编出这一套来骗人的,因为他违反了格赖斯所说的“量”的准则(Grice 1967)。而从我们当前的论点看,更重要的是,即使这样一段话,理解起来还得利用我们的知识进行推理:没有提到父亲,想来不在本地,甚或已经死去;说话人一定还没有结婚,否则媳妇也可陪伴;近的医院不去偏要去一家特远的,想来是他母亲的公费医院。

这样看来,追求周密详尽是不可能做到的,而且显然违反语言交际所要求的简洁明了。

3.5.2 因此,说话所追求的,不是表达周密,而相反是力求简洁。这简洁当然不是绝对的,它必须以听者通过推理能够理会语句的连贯性为前提。这种在保证连贯性前提下力求简洁的语言使用法,我们称之为效率原则,通常也称经济原则或省力原则。

推理的潜能是人所共有,所以我们经常关心的只是对方是否具有必要的背景知识,即进行推理的前提,并在需要时作些说明。如果涉及的只是一般众所周知的前提,我们从不想到需要说明,相信听话者一定会提取所需前提,作出正确推论。这种说话的方式我们已经习以为常,可能从未意识到需要什么推理,然而只要想一下电脑会如何理解我们说的话,就不难看出知识和推理能力在语言应用中的作用。美国有部电视剧讲电脑机器人维姬在一家人家做女佣,就因为没有正常人的知识和推理能力而闹出许多笑话。其中有一段用语言描述起来是这样的:

> 主妇正在忙着准备做蛋糕。她在一只大碗里打好了蛋,把一包面粉递给维姬,对她说道:"请把这包面粉搁在碗里。"于是维姬兴冲冲地把整包面粉连纸袋放进打匀的鸡蛋碗里。
>
> 过不一会儿,男主人手里拿着一朵鲜花回来,维姬迎上去接过鲜花,也把它放进蛋碗里,一边喃喃说道:"把面粉搁在碗里!"

前一段中,维姬的笑话出在缺乏一项知识,即"吃的东西如果有包装,应用前必须将包装去掉"。对女主人说来,这是普通常识,她不可能想到需要说明,但电脑机器人缺乏常识,它无法提取上述知识作为前提,也就无法作出必要的推理:"吃的东西应用前必须将包装去掉——纸袋是面粉的包装——因此应用前必须将纸袋去掉。"而没有这个推理过程,也就无法听懂女主人的话,所以犯了人所不会犯的错误,闹出了笑话。

后一段中,问题出在英语中"面粉"(flour)和"花"(flower)读音是一样的,也就是说是同音异义词。要是维姬是个人(譬如说一个碰巧不认识 flower 一词的孩子),即使她不知道[flauə]除了'面粉'之外还有'花'的释义,但"手中的东西显然不同于面粉,看来也不像食物的原料"这样的常识性思考会阻止她把手里的花放进蛋碗,这时她会问:"手里这东西也叫[flauə]吗?"得到肯定答复后她就又学到一个词。以后再听到这个同音词时,她就能通过选言推理进行解歧。

机器人没有这些思维能力,所以不能正确理解语言。

　　人类应用语言,正常地都把对方的推理能力估计在内,尽量简洁地把要说的话表达出来。因此,说 Put the pack of [flauə] into the bowl(把这包[flauə]搁在碗里)和 Put the [flauə] in the vase(把这[flauə]插在瓶里),而让听者去排除[flauə]的歧义,推出面粉是否要去掉包装。这样说话是正常的。相反,假使采用详尽的说法:"请把这包作为食品原料的[flauə]全部但不包括包装在内地搁进碗里,"倒会被认为噜苏。同样,汉语中说:

　　(23)a. 别忘了贴 youpiao。
　　　　　b. 别忘了领 youpiao。

前些年在中国生活过的人都知道,a. 句中说的是邮票,b. 句中说的是油票,谁都不会想到说:别忘了在信上贴作邮资已付凭证的youpiao;或别忘了领作为购油限额凭证的 youpiao。后一句往后对我们的孙辈讲述过去时可能会这么说,那是因为估计他们已经全然不熟悉配给制的细节,所以需要加以提示。

　　效率原则不仅是为了生活中贪图方便,它同样适用于文学作品和正式场合的讨论,雅尔塔会议的记录中有一段发言记录,译出来大意是这样的:

　　(24)他说他知道埃及的选举,他知道那些伟大的政客们把时间
　　　　　都花在相互收买上,但这不能与波兰的情况相提并论,因
　　　　　为波兰大多数人都识字。

这段话的意思全在于从'识字'与否所能推导出的含义,即不识字的人容易受骗,有知识的人较善于保卫自己的权利,不允许政客胡作非为等。缺少了这些知识,就难以看出这句话的连贯性。

　　但是从以上例句中就能看出,效率原则并不意味越简单越好,不告诉维姬去掉包装,她就连纸袋放进蛋碗,不告诉我们的孙辈购油曾有限额,他们会以为邮票是可以领到的,这样说话就没有效率可言。而对他们说话加上各种必要的提示,并非不讲效率。而且,时常我们的目标不仅是把信息传给对方,我们还想使传递方式尽量更完善些,

也就是说效率之外还求一个好的效果。例如当我们书面写作时,因为考虑到读者的背景知识一定各不相同,而且他们有什么问题也无法及时提出,所以我们总想多照顾一点缺乏背景知识的人,多提示一些必要的知识,而且想到有什么可能产生的问题,提前予以答复。因此书面语用单纯的省力原则来检验,时常不是最简洁的,然而只有这样才能得到更好的效果,使读者不致太费力作过多的推断,这样做遵循的是效果原则,而同时也没有违反效率原则。此外,例如在口语中我们对身份或年龄高的人,常用一些表示尊敬的用语或比较正式的语句,这也是为了达到适当的社会关系方面的效果。作家在描写一个风景时,根据他的标准,可以写得很简略,也可以写上好几页,只要艺术是成功的,无论短的和长的描写,都是既有效果又有效率的。所以应用语言,有讲究效率和效果两条原则,它们是相辅相成的。这两条原则的具体体现,以下还将详细论述(见 3.6 和 3.7)。

3.6　相对的连贯论:不断的相互估量

话语表面的连贯性,对不同的对象来说,具有很大的差别。因此,一段话有人觉得莫明其妙,有人却觉得明明白白,乃是常见现象。这是因为,正如上文所述,话语的连贯须靠接受者应用自己的知识,通过推理去体会出来,各人知识结构不同,如果所需知识正好缺乏,就体会不出话语的连贯性,感到莫明其妙。这是说话人把对方的知识估计高了。但说话人如把对方估计低了也不好,因为这样既太烦琐,对方也要抗议。因此他必须不停地估量对方知道些什么,不知道什么,而把话说得详简适度,使人既能听得明白又不致厌烦。在演说和书面写作的情况下,因为众口难调,只好迁就某些缺乏知识的人,结果经常挨骂:书本气十足,噜苏。

从听话人方面说来,他首先要估量对方的说话意图:"他问到附近的一个景点,他是要得到一些信息,还是暗示想要去看看?"听话人照样也得估计说话人对自己的估计:"他交待我办件事,说得这么详细是因为他以为我缺乏这方面的知识,还是因为他不放心我的办事能力?"无疑,根据他最终如何判断,他的回应将是迥然不同的。

这里所说的相对连贯,对说话人而言是:同一番话,由于需要

（如话语的重要性等等）不同或估量到对方的知情程度不同，而须用具有不同程度的连贯性的话语来表达；而同样一番已经表达出来的话，对于具有不同背景知识的听话人而言，具有不同程度的连贯性。例如我对两位客人说：因为脚痛，不能陪同在近旁走走，等下回吧。我只是简单提了一下脚痛，因为没有必要介绍病情，或者因为估计客人未必关心，所以没有用表面连贯性更高的因为痛风发了，左脚很痛，不能着地，所以不能陪同……。而听了我的简短表达，客人知道我的主要意图是道歉，至少具有中国文化背景的人能这么理解，尽管我表面上并没有点明歉意；至于不能陪同的原因，他们只能笼统理解为：由于某种原因脚痛了，行走不便，或者由于医嘱不宜行走，所以不能陪同。这是对我这段话比较低的，但已经是足够的连贯性了解，而具有详尽背景知识，知道病因是痛风，而且知道痛风发病情况的听者，已能具体知道病因和病情，具有更高的连贯性了解，假使其他人出了门向他打听，他已可有根据地作出病因病情的解释。

以上3.4.1和3.4.2中所讨论的框架理论和宏观结构理论，探讨的是说话过程中起导向或组织作用的一般性心理过程。这里3.6中提出的相对连贯论讲的是具体说话人和具体听话人在具体语境中使用语言的过程。个人心理活动占有重要地位。

听者或读者需通过自己的理解来建立文本的连贯性这是事实，但在成功的交流中这样得出的理解正是说话人所要传递的信息，因为他是在估计到对方的理解能力后再说话的。现代文艺批评片面强调读者的作用，提出"作者的死亡"论，我们并不是这个意思。文艺作品面对广大读者，作者当然不能把每个人的理解都估计到，因此读者的理解会有许多不同之处，但作者的主要意图总能在一定程度上得到传递的，同时他也愿意留出较大的空间，让读者去发挥各自不同的想象。我们在本书中谈的不是文艺作品，而是生活中实际的语言交流，情况则完全不同，正确传递信息是主要目的。从语言表达并不等于信息，语言使用始终要依靠推理的角度看（参看2.3），语言使用者早把听者或读者的理解活动估计在内，他知道他用的语言必须是接受者进行推理处理后能够正确全面地理解的，所以他力求双方提取相同的语言知识和推理前提,以保证接受方建立起的连贯性就是使用方所希望的,因此能够正确传递信息。这是一种说话人先期予以控制的信息传递方法。即使产生误解,也可通过实践发觉并予以纠正。

在使用语言的过程中,人们不仅按句子的意义客观地来建立语篇的连贯性,而且总是尽量向着连贯的方向来琢磨对方的话语。这是格赖斯合作原则的体现。

听话人作超出说话人意图的理解,也是可能的。有一次我在上课时举了几个不连贯的例子,其中有一个是这样的:(原本用的是英语,不妨汉英对照)

(25) A submarine suddenly dropped on to the floor. Two mosquitoes bumped into an elephant. A cake walked in by itself.

一艘潜艇突然掉落在地板上。两只蚊子撞到一头象。一只蛋糕自己走了进来。

可是有一个学生却不同意,认为是连贯的,因为最后一句触发了他的"生日集会框架"。潜艇是生日礼物,所以突然掉下来是为增添惊喜的气氛,蚊子是两个小弟弟,跟爸爸扮的大象逗乐,蛋糕自己走进来,背后无疑躲着妈妈。这个真实的例子不仅说明听话人确实能够把连贯性"读入"话语,而且也表明说话双方怎样会产生误会,而且这次的误会原因在我这个说话人方面:既然要举不连贯的例子,就应该避免一切熟悉的框架。通过学生的抗议这一实践,我自然不再把那段话作为不连贯的例子而作为连贯的例子举了。

我不知道以下一段在吴语地区常能听到的对话,在北方人耳中是否全然不知所云:

(26)甲:昨天小暑。

乙:幸好没有打雷。

甲:是啊,这闷热的天气太难过了。

这段对话是以一句成语:小暑一声雷,连夜倒黄梅为基础而进行的:因为没有打雷所以有希望早日结束黄梅季节。假使不知道这成语,这段话显然很费解。

巧得很,美国也有近似的民间传说,以下对话就是以这种传说为依据的:

(27) 甲:昨天是二月二日。

乙:那美国土拨鼠(groundhog)出来没有?

甲:出来了,不过因为是阴天,所以它没有看见自己的影子。

乙:那倒是好消息。这寒冷的天气,真叫我厌倦了。

读者无疑也能看出些道理,美国土拨鼠不出来或没有看见自己的影子,对厌倦寒冷天气的人是好消息。但要彻底掌握这段话的连贯性,必需知道关于美国土拨鼠的传说,以下是引自《韦氏大学词典》的释义:

美国土拨鼠日(Groundhog Day) 名词(来自传说:美国土拨鼠冬眠出穴,若见到自己的影子,便又受惊入眠):二月二日,传说该日若晴,冬季将再延长六周,若阴则将有早春。

从这样一种观点看来,说话双方关心的,与其说是话语表面的连贯,不如说是透过表面,理解真实信息的能力,而且这不仅是说话人对听话人单方的估量,而是双向的。以上说了语言应用在不同程度上都需依赖知识。但听说双方怎么知道对方有些什么知识,说话时应该提取的又是什么知识呢? 这就牵涉到信念系统和说话意图两个方面,以下分别予以说明。

3.6.1 信念系统。我们说话总是看对象行事的。但对方究竟知道些什么,你不可能都能知道,所以只能凭你对他的信念行事。因此要谈信念系统。

设想你的寝室里有许多英文词典,你对你的室友当然尽量用最简单的表达,例如说:

(28) 请把那缺一页的词典给我。

因为你相信他知道哪本词典撕掉了一页。下一天你室友的小弟弟正

好来玩,你估量他不识英文,更不可能知道哪本书缺了一页,所以你要他帮忙时说:

(29) 请把那一堆书中,从上面数起第三本黑色的厚书递给我,好吗?

有趣的是这小孩怎样反应。假如他确实不识英文也不熟悉词典,也就是说你的估计是对的,那么他觉得你的话说得很正常,一定照着你说的办。然而假使他识英文,他就会觉得你低估了他,可能回敬一句:不就是那本 Chamber's 吗? 即使不说,心里也会嘀咕:"你小瞧人。"还有一种可能是这小孩知道哪本词典缺了一页,他哥哥给他看过,但他不会责怪你没有对他用(28),因为他估计你不知道他知道。在一种情况下孩子见怪,这是因为他估计你小瞧他不识英语,另一种情况下他不见怪,这是因为他估计你只能估计他不知道哪本书撕掉了一页。也就是孩子的反应反映了他对你的估量的估量。

唐纳伦(K. Donnellan)举过一个说话人宁愿违反事实,迁就听话人观点的著名例子,现根据威尔克斯和皮恩的文章(Wilks and Bien 1983)所述,转引如下:

> ……在鸡尾酒会上,有人可能想知道房间那头一位女士的姓名。他不知道她的名字,但知道她是个禁酒主义者,尽管她手里却拿着一只杯子,里面是无色的液体和一枚橄榄。正因为他知道她是禁酒主义者,所以他知道这并不是一杯马丁尼酒(马丁尼酒无色,饮时杯中常放一枚橄榄——程注)。他想问他旁边的一个人,那位女士是谁。他可以说那位拿着一杯水在饮的是谁,这是与他自己的信念相符合的,但事实上他向听者说的却是:"在那边喝马丁尼的那位女士是谁?"他这样做是为了获得他需要的答复,而用的办法是权且采纳一种他本人认为错误,但他相信**与听话人信念相一致的**信念(黑体原为斜体——程注)。

以上的例子很生动地说明,我们说话时不断地估量对方,利用他的知识使说话更富有效率,因此为了迁就对方方便起见,甚至可以忽视一些细节的真实性。但影响信息真实性的地方不能迁就方便,这是毋庸多言的。

3.6.2 说话意图。透过语句的表面意义,捉摸说话的意图,这是说话过程中的又一重要因素。涉及不同意图的语句,从语言上看并无歧义,但它所能起的作用可能不同。

一种情况是语句能完成不同的"语现行动"(illocutionary acts)。例如叟尔分析过,由其他语现行动(例如问题)都可能转变为请求,并且说明了转变的条件(Searle 1979);但符合条件的仍可保持原来的功能不变,因此这种情况下就需要捉摸说话人的意图。例如说的是:

(30)你能把橱顶上的卡片匣拿下来吗?

假使这话是一位老教师对他成年的学生说的,他想必会把它作为请求理解,赶快去取那匣子。因为另一个可能的意图,即问问你是否长高了,显然不适用于他。而假使被问的是一个发育期的少年,他可能会坐着不动,光说<u>能</u>!,或则走过去比试给你看,却不真拿下来,因为人们常问他长得有多高了。

另一种情况是,语句除了语言意义外还有其他不依赖于意义的作用。斯珀伯和威尔逊的书(Sperber and Wilson 1986:178)中举过一个例子:

(31)

A:Did your treatment for stammering work?	甲:你治疗口吃有效吗?
B:Peter picked a peck of pickled pepper.	乙:彼得劈了一片劈掉外皮的劈柴。(仿原文效果译)
A:How amazing!	甲:多么惊人!
B:Yes, b-but th-th-that's not s-s-something I v-v-very often w-w-want to s-s-say.	乙:是的,但——但是,那——那——那不——不是我常——常要说——说——说的话。

B 说的第一句话的意义是'彼得挑了一堆腌渍的辣椒',然而这是与上下文断然无关,完全不连贯的。另一方面,B 的这段话中几乎

每一个词都以 p 开头，p 后均为相似而需加区别的[iː]，[i]，[e]，所以很像一个绕口令，而假使 B 的意图是念一段绕口令来显示治疗口吃的效果，那倒是有关而连贯的，因此根据合作原则我们断定 B 的意图不在于说彼得挑辣椒，而是要用绕口令显示效果。正因如此，在需要翻译时我们忽略它的内容，而在起到绕口令作用上求取相似的效果。

B 的第二句话，我们作一般的话语理解，因为他对绕口令的作用表示怀疑，意义上是连贯的，他流露的口吃毛病只是会念绕口令未必管用的一种见证。

第三种最常见的情况是，话由于某种原因不便直说，一般是为了不好意思说自己要什么，所以从各种不同角度谈到这东西，而意图是要你理会到他的要求。这是小孩子熟悉的策略，当他告诉父母谁家、谁家的孩子都有了什么的时候，他的意思是他也想要这东西。成人也常用比这更隐晦，但实质相同的策略来达到自己的目的。其中的一个方式就是游说别人一起去做自己想做的事，下文中 Cassius 说的是要 Brutus 去观看安东尼的加冕式，Brutus 正因为看出他的意图，所以回答说：我不想去，但不要因此阻碍了你的意愿。要不是根据隐含的意图，这样回答根本不连贯：

(32) 原　　文

Cassius：Will you go see the order of the course?

Brutus：Not I.

Cassius：I pray you，do.

Brutus：I am not gamesome；I do lack some part of that quick spirit that is in Antony. Let me not hinder, Cassius, your desires；I'll leave you.

(Shakespeare，*Julius Caesar*，1，2)

译　　文

凯歇斯：您也去看看他们赛跑吗？

勃鲁托斯：我不去。

凯歇斯：去看看也好。

勃鲁托斯：我不喜欢这种陶情作乐的事；我没有安东尼那样活泼的精神。不要让我打断你的兴致，凯歇斯；我先去了。

（朱生豪译本）

意图的判断，正像意义的解歧一样，靠的不是语言形式上的区别，而是理解过程中的推理和理解过程后的实践。要是说语言中有什么东西保证我们不产生误会，那想法本身大概就是一个误会，因为事实上误会是经常发生的，但一般都能轻易排除。例如在说例句（30）时，假使你的学生误会了你的意思，你只需说（作为进一步的语言实践）："我不是要你取卡片匣，我是想问你，你的肩周炎是否影响抬臂取物。"假使那孩子误会了你，那更方便，你只要在他说：能！之后，接着说：那就请你拿给我。稍为反省一下，就不难发现这类情况在说话过程中是经常发生的。

在语言交流中，不能掌握对方的意图是经常情况，一般都根据自己的猜测应对，从对方接着说的话中判断理解是否正确。但如一时猜不出对方的用意，或者认为正确理解很重要，那就要直接问明白了。所以我们常会说："你这话是什么意思？"如大家正谈得好好的，要做一件有意义的事情，突然有一个人说："你们去做吧，我不参加了。"这时大家就会问："你这话是什么意思？"大家问的其实不是他话的意思，话是大家都理解的，问的是他的意图。

3.7　语言如何适应语境：效果原则

在以上各节中，我们说的是：说话人总是尽可能利用双方的知识，以便省力有效地体现话语的连贯性。但也不是不顾具体情况，越简单越好。说话（包括写作）必须适应具体的语境才能得到最好的效果，因此使用语言成功与否的标准，不是单一的周密原则或简略原则，而是在效率原则下，力求取得具体语境中最好的说话效果，也就是效率与效果相结合的原则。

当我们把效果因素考虑在内时，就能看到，即使是最复杂的哲学或法律著作，也是它们的作者认为有效地传递他们的内容，并达到预期效果所必需的语言表达。也就是说,除非他们有意故弄玄虚,他们遵循的仍是效率原则和效果原则的结合。文学作品有时也很复杂,诗歌有时很难懂,但至少其中成功的必须是能为别人所了解并欣赏的,因此也遵守效率和效果原则。

我们使用语言无非就是用一定的方式或手段,来把一定的内容传递给一定的对象。在语言学中说话的方式或手段有时又称媒介,例如面对面的说话、打电话、广播、写信、写文章等等,就是这里所指的不同方式,或称所用的不同手段或媒介。因此所谓语境(这里暂不包括上下文在内)涉及的有说话内容是哪方面的、说话对象是怎么样的人和说话用的是什么方式三个方面,它们都要求所用的语言适应它们以便达到更好的效果,所以构成影响语言应用的语境因素,也就是韩礼德所谓的"语境的三维"(the three dimensions of context of situation),即"领域"(field)、"格调"(tenor)和"方式"(mode)。

既然语境包括这样三个方面,而我们所说的效果,就在于更好地适应语境,因此效果原则就体现于所用语言在语音、词汇、语法等方面要适应这三个方面。这种适应也就是语体学研究的问题,因此可以说,效果原则是语体学研究的内容(参看程雨民 1989)。

以下分别就语言的明确性、模糊性和社会因素的适应性三方面,探讨一下语境因素的影响。

3.7.1 以上 2.1 中曾提到美国语言学家马丁·裘斯所写论语体的书《五只钟》(Joos 1962),他认为最简单的语体是亲属间不经意的亲密体(intimate style),并以晚餐桌上丈夫口中对咖啡的评语嗯哼和冷的为典型用例。按照裘斯的说法,在这种最不经意的语体中,总是把话语三连环(指用词、语法、语调)尽量略剩一环,例如:"冷的只剩了第一环(用词),嗯哼只剩了最后一环(语调),而让听者自行补足信息,或者不如说,就此进行理解"(Joos 1962:23)。

但正如裘斯本人所指出,亲密语体本不是用来传递信息的:妻子早就知道咖啡已凉。"假使需要告诉她这一点,那就会用随意体(casual style)的 Coffee's cold(咖啡是冷的)来说。"这就是由于说话内容(属"领域"范围)的需要,而增加语言表达明确性的例子。

说话的形式（"方式"）、说话人之间的社会关系（"格调"），甚至听话人的数量（也属"方式"），都会要求增加信息的明确度。例如以下三句话，在一定语境下意思是一样的，但明确程度一句比一句增加：

　　（33）a. 算了吧。晚了。

　　　　　b. 还是算了吧，因为已经晚了。

　　　　　c. 我想还是放弃采取行动为妥，因为时机已经晚了。

不难体会，第一句最适宜于熟人间面对面的场合；假使对方是不太熟悉的人，或者人数较多，如在讨论问题的场合，就可能采用因果关系表示得更明确的第二句；而第三句只适合于向上级作汇报，或上课、演讲等场合，日常生活中多用了，会被认为说话书呆子气。

　　有些语体中需要尽可能地明确表达意义，避免歧义，于是在效率和效果之间作出某种折中，即宁可损害一些效率原则，以保证意义的明确表达，其结果是在词语层上创造出各种有确切定义的术语，在语句结构上力求完整，较详尽地交待逻辑关系，尽量避免把可能产生不同结论的推理留给听者或读者。这样就出现了与日常用语有较大区别的所谓学术语体、科技语体、法律语体等，在专业人员看来是兼顾效率和效果的较好体裁，而在外行看来，因为他体会不到精确的必要，却明显感到语言应用缺乏效率，可以留给听者去体会的话都不厌烦地说了出来，所以难免觉得既费解又枯燥无味。

3.7.2 明确性远非效果原则的唯一要求，事实上与它相反的模糊性也是常有的要求，当然主要是在日常语体或诗歌及其他文艺作品中。例如，略数是语言里常规应用的形式，精确数反而只用于需要明确处。因此，虽则我明明知道我兄弟要来住十一天，我一般会说<u>我兄弟要来住几天</u>，或者<u>我兄弟要来住十来天</u>，或者<u>我兄弟要来住一两周</u>，就是不会说<u>我兄弟要来住十一天</u>，除非这天数在上下文中是有关系的，例如说：<u>我兄弟要来住十一天，所以这间房二十三日以前不空</u>。此外如地点、钱数等，非必要时也倾向模糊。这些都是随意语体所需要的。

用统称而不用具体称呼,如一般不用<u>品红</u>、<u>绛红</u>、<u>猩红</u>等等,而统称之为<u>红</u>或<u>红色</u>,又如<u>车</u>、<u>汽车</u>、<u>卡车</u>、<u>脚踏车</u>、<u>自行车</u>都是熟悉的词,用起来并不费力,然而人们送客时却一般只说:<u>你的车在哪</u>? 这是随意体的模糊称呼,试比较讨好暴发户时有些人一定说:<u>您的汽车在哪</u>?

有时从人际关系着眼需要模棱两可的表达,例如做和事佬的时候,人们常会说:<u>你当然是对的,但他也有他的角度</u>。这究竟是什么意思? 是说"从他的角度看,必然会有他这种看法,因此不必责怪他",还是说"从他的着眼点看,他也并不错",或者竟然是说:"他也并不错,所以你虽对却是片面之见?"这些意思都属可能,说话人有意要模糊。这种说法当然也多见于日常用语。

除了做和事佬这类较特殊的情况外,一般而言模糊表达是为省力,并通过省力简便的表达来达到亲切或含蓄的效果,所以它和效率原则的体现并不矛盾。

3.7.3 社会因素引起的要求,是效果原则起作用的另一个领域。语言结构的完整,用词的庄重程度一般都尽量调整得与场合相称,假使没有这样的能力,而在任何场合都用日常语体,就会被视作缺乏文化修养。说话人之间的社会地位也同样要影响语言的应用。不仅对上级用语要注意结构和措词,上级对下级说话也受自己身份的影响而需加注意。

语言的职业性和礼仪性作用,是社会因素的另一个方面。也就是说,有些话本来不说也就已经明白,但为了职业或礼仪的缘故,必须用语言说出来,否则就起不到期望的社会效果,于是效率原则就显然必须与效果原则取得一个妥协。例如医生对病人宣布检验结果,假使它是影响到病人能否与他人接触、能否结婚、可否生育子女等社会因素的,从单纯的信息角度讲,假使他知道病人对这些社会后果已经很清楚,他完全可以只讲一声<u>你的检验结果是阳性的</u>,就确信病人已经理解全部后果,然而作为医生,他势必会不厌其烦地把需讲的明白地讲一遍,这是因为,医生在一些涉及自己应尽责任的问题<u>上</u>,必须用言词交待清楚,不能依靠心照不宣,否则就是失职,一<u>旦上法庭</u>

将无以自辩。这就是语言职业性作用的例子。

语言的仪礼性作用表现在各种需要宣告的场合,例如婚姻、命名、任命等等。以结婚的场合为例,无疑在场者都已知道谁跟谁要结婚,然而总要由主婚人、牧师,或公证人员宣布一下,或至少要在证书上签个字,婚姻才能成立,这是因为结婚仪式必须包括用语言来确认婚姻关系的内容。另外,在日常的人际交往中,虽然不涉及规定的礼仪,但若一言不发或言语过分简短、干脆,常会使人有简慢的感觉,因此说话除了必要内容之外常需加添一些婉和语气、增进感情或表示敬意的成分,这也是语言所起的社会作用。

无论医生的告诫、主婚人的宣布,都是奥斯丁(Austin 1975)所说的必须依靠语言来完成的行动。没有用适当的语言说出来,这行动就没有完成,而一经身份适当的人在适当的场合说出来,就完成了。美国电影里常有一段话,大家可能已经听得很熟了,很能说明语言的这种作用,那就是警察抓人时说的:<u>你有权保持沉默,否则你说的一切都将在法庭上作为证据……</u>。说了就是宣布了"权利",否则就是非法剥夺了嫌疑犯的"权利",将因此不能对他成功地进行起诉。这种"权利"的宣布是必须说出来才算数的,哪怕被捕者是老资格的惯犯,这几句话他都背熟了,但还是无法心照不宣,不能加以省略,这是话语起社会作用的一个明显例子。

3.8 同义性问题

效率原则和效果原则所以有协调的余地,是因为语言中有各种同义表达,也就是有丰富的同义词语、同义结构可供选择。根据效率和效果相结合的考虑,同样一句话可以详细说,也可以简单说,可以郑重其事地说,也可以轻描淡写地说。从这个角度看,这问题似乎很简单,然而真要考查一下什么是同义词,什么是同义语、同义句、同义结构,却又争论不休,没有一个定论。

所以会争论不休,是因为对同义性有不同的理解。如果认为同义性是指个别的词或句子在所有的意义上都相同,那么同义性在语言中可能是一种罕有现象。但我们的着眼点是,语言是交际工具,它的作用在于传递信息,所以如果词语所指的概念是相同的,或语句所表达的命题是相同的,它们就是同义的,其余的区别是方言、语体、修辞上的不同。

在词语方面,索绪尔的学生,法国语言学家夏勒·巴依(Charles Bally),曾写一本《法语语体论》(Bally 1909),把同义词分为三类:理性的、感性的和社会性的。理性的同义词是所指概念虽然相近,然而在理性认识上有所区别的词语。在汉语中这类同义词常被称为近义词,但欧美人常把它们看做主要的同义词类别,如《韦氏大学词典》中所列的同义词即多属这类,譬如 get 的同义词列有:obtain, procure, secure, gain, win, earn,然后加以区别说:它们都有共同的意义成分 [+获得],get 最常用而且所指概念最概括,obtain 常具有经长期努力才获得的含义,procure 则着重为获得所付出的努力,等等。这样就很明白了,它们之间的区别是理性认识上的,所以称为理性的同义词。既然所指概念有所不同,当然不能算严格的同义词,巴依也认为它们对语体不起作用,但这是因为他所讨论的语体只是感情强弱的问题。然而这些词常能相互替代却是事实,而且正因为它们之间有常用与罕用、含义笼统与精密细致之分,所以就成了区分语体的手段。例如说:

(34) a. The interviewee said he got his PhD at Harvard.
　　　　　(那接受面谈的人说,他在哈佛得的哲学博士。)

　　　b. The interviewee stated that he earned his Doctor of Philosophy degree in physics at Harvard University. (据接受面谈者陈述,他是在哈佛大学修得的物理学哲学博士学位。)

无疑 a 句意义概括,所用都是最常用的词,它适用于随意语体,b 句意义较 a 句更具体,而且所用的词虽然并不罕见,却不如 a 句普通(stated, earned, Doctor of Philosophy degree in physics 不如相应的 said, got, PhD 那样常用,意义则更具体),它适用于较正式的工作场合。由此可见,理性的同义词虽然所指概念并不相同,但因这些概念有重叠或部分重叠,所以在其重叠范围内可以相互替代,并起到语体作用。

感性的词语与非感性的同义词语,所指概念相同,只是多了感情色彩,如 an enormous kite 与 a very big kite 概念相同,但多了夸大其词的色彩,astonished 与 astounded 所指概念相同,但多了强调的色彩。这些都是修辞学探讨的内容。

社会性的同义词,则是所指概念相同,区别在于适用的地域、文化层次、人际关系等不同。如自行车、脚踏车、单车,它们指的无疑都是相同的概念,区别在于自行车是正式用语,各种场合都适用,脚踏车适用于口语,不适用于公文布告等,单车是地域性口语,通用范围较窄。欢迎光临中的光临就是来,但只适用于对需要表示尊敬的人说,不适用于随便的场合,更不能指说话人自己的来到。这里的社会性体现于不同的人际关系。

除了词语之外,同义性还表现于话语层次上的同义结构,如巴依在他的书中(Bally 1909)就举过一些生动有趣的例子:

(35) a. Venez, je vous prie.

（您来,我求您啦。）

b. Venez, je vous en prie.

（您来,我这求您啦。）

c. Je vous en prie. Venez.

（我这求您啦。您来。）

(36) a. Je n'ai pas le temps de penser à cette affaire.

（我没有时间想这件事。）

b. Je n'ai, quant à moi, pas le temps de panser à cette affaire.

（要说我,我没时间想这件事。）

c. Du temps, moi? Est-ce que j'en ai, seulement, pour y penser à cette affaire?

（时间,我？我难道有时间去想这件事?）

以上各句的译文只是聊以示意的,原文更生动。问题是我们怎么知道各组的句子同义？本书提示的途径是,人们通过逻辑思维把不同的句子,包括句群,归结为它们共同的命题(参看 3.4.2),即(35)中的 a, b, c 三句均可归结为：请求(a, e)&[来(b)](e)，其中 a 为"我"，b 为"您"，e 为"你来"；而(36)中的 a, b, c 三句均可归结为：有(a, b)& 为了[想(a, e)]，其中 a 为"我"，b 为"时间"，e 为"这件事"。这样就能看出，(35)和(36)两例中 a, b, c 三句的基本命题都是一样的，所以它们同义。

巴依当时还没有提出"会话含义"的问题。现在讲同义语句，还需包括"会话含义"在内，话语层的同义语句更为多样了。<u>随手关门</u>、<u>请随手关门</u>、<u>别忘了把门带上</u>、<u>这里有穿堂风</u>、<u>你长尾巴啦?</u> 在不同的场合都能传递相同的信息。只是，前三种说法表达的都是'请你关门'的命题，而后两者需要经过先否定语句的表面意义所表示的命题 p('屋里有风'和'你生了尾巴')，然后再得出实际上要表达的命题 q('请你关门')，即需要经过得出"会话含义"的过程(参看以下 4.1.3)。

考虑到词语和语句如此多样的同义性，可以清楚地看出，它们确实为效率与效果结合的原则提供了广阔的运作余地。

第四章
语言中的推理过程

　　以上各章中谈到推理,所持角度都是说语言从它的系统结构到具体应用,都不能脱离人的理解,不能独立起到传递信息的功能,语言应用时必须由说话人估计到听话人的理解能力,据以传出自己的信息,而听话人必须运用智力通过推理把信息从听到的话中理解出来。这是把逻辑推理作为应用语言时所经常需要用到的,而不是局限于解释语用意义或所谓言外之意时才需用的过程,但同时又不是说语言必须以逻辑推理为依据,更不是把说话等同于进行逻辑推理。抒发感情不必依靠推理,这是大家承认的。即使是传递知识的理性语言,逻辑的作用也只限于语句和语篇的结构,以及语言系统各层次的求解过程之中,而语言所表达的知识本身(例如报导一件考古发现)及其内容所反映的结构,不是必然与逻辑推理有关。这就是说,语言中经常需要用到逻辑推理,依赖程度很高,但终究是依赖,而不是等同,所以有人举出几句话,因为其中不存在逻辑推理的关系,而断言语言与逻辑推理无关,是一种误会。反之,表达感情的语言也不一定不涉及逻辑推理,例如<u>一事无成两鬓斑</u>常用作老年人的感叹,但它究竟不同于一声叹息:唉,或<u>呜呼</u>,因为人们理解这句话须从两鬓斑白推出老年,从老年推出所剩岁月已经不多,所以才领会到没有成就特别可叹。可见这句话的感情作用是建立在推理基础上的。因此说,以语言需要表达感情为由而反对说语言需要推理,或以理性语言也时有不适用逻辑推理之处而断言语言与逻辑无关,都是不区分语言所达到的效果和语言所经历的过程的结果。语言所要达到的效果是说事或表情,这不是或不一定是推理的结果。但如何使用语言以达到这效果的过程则经常需要推理的参与。

本章将首先归纳一下推理在语言使用中的作用,继而探讨语言中推理的特征,以及实践对推理的检验。

4.1 推理在语言使用中的作用

推理在说话中的作用,归纳起来有解歧、建立语篇的连贯性和推出会话含义三大类,以下分别作些说明。

4.1.1 解歧。语言中有歧义的语和句很多,一般的说法是依靠语境,它们大多可以得到明确的解释。例如能是歧义的,既可指'有能力',又可指'有权力或愿意'。但是在语境中,即在上下文或说话时具体外界环境中,这歧义往往就消失了。如<u>你能说出这层楼上一共有几扇窗吗?</u>,我们理解为指'能不能';<u>你能出来一会吗?</u>,我们理解为指'是否有权或愿意'。这是上下文所起的作用。

具体说话环境,包括说话人的身份,以及他和听话人的关系等,也能使歧义消失,例如,同样一句对办公室秘书说的话:

(1)你能把会议室的门打开吗?

假使是上级说的,我们理解为他问:'你有钥匙吗?',假使是感到室内气闷需要通通风的同事们说的,我们理解为:'你有权或愿意开那门吗?'这种不同的理解是怎么产生的呢?

无论上下文或说话时的具体环境,它们本身都没有解释语言的能力,必须通过一个途径才能促使我们得出结论。这个途径就是使歧义句的两个或两个以上的解释在具体的上下文或语境中显出各不相同的可取性,从而使我们能排斥不可取的,采纳更可取的。这就是逻辑中所说的"选言推理",逻辑式为:

$$\frac{\begin{array}{c} p\ 或\ q \\ -p \end{array}}{q} \qquad 或: \qquad \frac{\begin{array}{c} p\ 或\ q \\ -q \end{array}}{p}$$

现在回过头来分析以上所举各例。你能做 X 吗? 使我们面临两个选择:'你有做 X 的能力吗?'和'你有权或愿意做 X 吗?'因此,在'做 X'是'说出这层楼上一共有几扇窗'的语境中,我们面临的选择是:'你有说出这层楼上一共有几扇窗的能力吗?'和'你有权或愿意说出这层楼上一共有几扇窗吗?'这时两个解释的不同可取性已经显露出来,一个人很可能说不出一层楼上有多少窗,却很难想象无权或不愿说出楼上有几扇窗的情景,因而我们取前者为句子的首选解释。同样,走出房间是谁都会的,却远非谁都能随时走出房间,所以你能出来一会吗? 作询问能力的解释是不可取的,因此我们把它理解为问是否有权利或意愿。例句(1)你能把会议室的门打开吗? 提供的选择是:

p——你有能力把会议室的门打开吗?

q——你有权或愿意把会议室的门打开吗?

上级有权叫你开门,不必问你的意愿,所以 q 不适用,他的意思是 p,而'有能力开门'一般说来是因为有钥匙,所以得出含义是'你有钥匙吗?';而对感到需要通通风的同事,因为他们知道听话者掌握钥匙,所以 p 不适用,含义是 q:'你有权或愿意把会议室的门打开吗?'

(例1,图解)

假如是上级说的:　　　假如是需要通风的同事说的:

　p 或 q　　　　　　　　 p 或 q

 -q　　　　　　　　　　 -p

 ————————　　　　 ————————

　p　　　　　　　　　　 q

从以上分析可以想到还有第三个可能性:假使是一个既具上级的权力又有同事的知识的人——譬如说部门领导——问这话时,怎么理解呢? 这时 p 和 q 都无法排除,不适用选言推理,句子明显违反格赖斯所说的关联准则,也就是说表面上显然不通,为什么要明知故问呢? 于是产生礼貌用语的会话含义:'请开门。'这个会话含义也是通过推理过程得出的,不过推理是在言语行动的基础上进行的,请参阅4.2.4,特别是其中对例(16)的分析。

有人把以上这种语境影响下发生的不同解释,称为语用理解,似乎不属于严格的语言应用范围。从我们所持的语言系统与人类智能配合运作的角度看,称语用理解是不妥的。因为,例如在**你能说出这层楼上一共有几扇窗吗?** 这句话中,要区分**能**是指'能不能',还是'是否有权或愿意',解决的是词汇意义的问题(语言问题),是由于语言系统的特点,即自身常不明确,所以需要运用语用知识来解决这个问题。显然这是对语言本身的理解,而不是语用理解。为了进一步说明语言系统本身要求通过推理来解歧,而且推理需用的前提包括语言知识和情景知识及世界知识,我们再来分析一下英语中的-s语素是怎样解歧的。

说本族语时,人们根本不会感到分辨语言形式需要推理,不过学习外语时可能会得出一些启发。英语中的-s,常用的就有以下五个意义,也可以说它代表五个同形异义的语素:(1)动词词尾,意义是'陈述式现在时单数第三人称'(以下用 p 表示采用该意义的句子所表示的命题),(2)名词词尾,意义是'通格复数'(以下用 q 表示),(3)名词词尾,意义是'属格复数'(书面上为-s')(以下用 r 表示),(4)名词词尾,意义是'属格单数'(书面上为-'s)(以下用 s 表示),(5)单数第三人称动词 is(是)的缩略式(以下用 t 表示)。现在来看,我们怎么区别以下五句话中的[kuks]([kuk]—cook(厨师),[s]—s)呢?

(2) a. The daughter [kuks].

b. The [kuks] already here.

c. He is familiar with the [kuks] in that restaurant.

d. They like the [kuks] daughter.

e. He is familiar with the [kuks] wives.

(2a)中[kuks]处于谓语动词的位置,主语是单数第三人称,-s符合于解释为 p 所需的条件,而其他各种解释或使句子缺少谓语动词(q, r, s),或使谓语不完全(t),而且意思也不通,所以 q, r, s, t 均被排斥。(2b)中[kuks]位置在冠词 the 之后,优先考虑为名词,但如采取 q, r, s 解,句子均将缺少动词,而 t 解释能满足名词的要求,又能使句子具有谓语,所以 p, q, r, s 均被排斥,而采用 t 作为解释;(2c)中［kuks］位置在冠词 the 之后,排除动词解释 p,优先考虑为名词,而其后除前置词词组 in that restaurant 外并无其他名词,不符合属格名词的要求,r 和 s 被排除,优先考虑为通格复数,即 q,而且意义也连贯,最后因为处于 familiar with 所要求的名词词组之内,故排除 t;(2d)中［kuks］位置在冠词 the 之后另一名词之前,处于属格名词的典型位置,优先考虑 r 和 s,排除 p, q, t,世界知识(更多情况下夫妻中仅一人为厨师,即使都是也不一定在一起工作,所以这里被提到的更可能为一人)要求在 r 和 s 中优先以 s 作为本句的解释;(2e)中［kuks］的位置与(2d)中相同,世界知识(一夫一妻制)排除 s,优先考虑 r。各句的选言推理过程,图解为:

(例2,图解)

(2a)	(2b)	(2c)
p 或 q 或 r 或 s 或 t	p 或 q 或 r 或 s 或 t	p 或 q 或 r 或 s 或 t
$-q$	$-p$	$-p$
$-r$	$-q$	$-r$
$-s$	$-r$	$-s$
$-t$	$-s$	$-t$
p	t	q

(2d)	(2e)
p 或 q 或 r 或 s 或 t	p 或 q 或 r 或 s 或 t
$-p$	$-p$
$-q$	$-q$
$-r$	$-s$
$-t$	$-t$
s	r

初学者经过这样的过程(当然也不会这样完整,当他学会-s 的这五种用法时,必然已经学会很多判断的捷径,但可以设想捷径也是建立在

这些过程的基础上的),断定例(2)各句的意义和其中[kuks]所应采用的写法。

在以上推理过程的描写中,(2d)和(2e)中对 r 和 s 的选择用到世界知识,其余各处所用的均为语言知识。由于语言系统的相对稳定性,由语言知识推出的结论比较稳定。世界知识(包括情景知识)却经常变化,因此解释也会随之变化。(2d)优先采用 s(即 cook's),是因为说话人指的一般都是该女子的父母之一是厨师,但若具体的情况是该女子的父母正好都是厨师且在一起工作,而且说话双方都知道这一点,那么 s 就被排除而采用 r 的解释(即 cook's)。同样,(2e)中排除 s 而采用 r,是由于我们的世界知识提供一夫一妻制作为推理前提,但假使在具体的情况下,正好是实行多妻制,而且说话双方都知道所指都是一个人的妻子,那么就排除 r 而采用 s(即 cook's)。

4.1.2 建立连贯性。

以上 3.3 和 3.4 中已经说过,我们以连贯性(coherence)作为构成语篇的基本要素,而检验连贯性的标准为是否有关联,也就是通常所说的通不通。

语篇的连贯与否,不仅体现于上下文的联系,而且还需联系语境来考虑。纸上的一个慢字,看不出有什么关联,没有连贯性,但只要用大字写在门口,或由门卫喊出,立刻就成了叫车辆慢行的单词语篇。在本书中,这一类本身谈不上连贯性,依靠语境才获得含义的语篇也将被认为是具有连贯性的,意思是指它们与语境有关联。

由于语言使用的效率原则,语篇的表面语句时常是不连贯或不很连贯的,必须通过推理把蕴含着没有表达出来的环节分析出来,才能使它的连贯性显示出来,这就是这里要说的建立连贯性。

形式主义者对语言的最大误解,可能就是认为我们说的话既然意思连贯,那么字面的词句也必然是连贯的。其实词句之间常有许多空缺的环节,需要通过推理,或者用通常的话说是需要通过领会,加以填补,据以作出理解。试看这样两段最普通的对话:

(3)甲:秀英没有生育过。

乙:那她的儿子是领养的?

（4）甲：老王两个儿子都是大学生。

乙：建国在哪所大学念书？

（3）和（4）都作为独立的语篇。我们是如何理解它们的呢？（3）中甲刚说某个女人未曾生育过，乙接着就问甲此人的儿子是怎么来的。若要把乙的话解释成没有空缺的环节，按字面就是连贯的，那么我们的世界中必须每个成年的女子都有一个儿子，区别只在于亲生的、领养的、请人代生的等等。实际情况当然不是这样，因此必须设想乙首先对甲的话进行直接推理：

（例3，图解）

秀英没有生育过

秀英没有亲生的子女

然后从他掌握的情景知识"秀英有一个儿子"出发，他对有一个儿子前提下的选择，即"儿子是亲生的或领养的或请人代生的"中根据他对甲的话的理解，排除了"亲生的"一项，剩下的选择是"儿子是领养的或请人代生的"，为了要对此进行判断，所以他问甲"秀英的儿子是否领养的"，如果甲的答复是肯定的，就能排除请人代生的等。

（4）更为复杂一些，乙的问题如果要表面上有连贯性，必须要在有人两个儿子都是大学生的情况下，其中一个的大学必须为一切人所知道，而另一个儿子一定要叫建国，这当然等于说是不可能的。事实上，乙要通过三个推理才能提出他的问题：

（例4，图解）

a. 老王两个儿子都是大学生

建邦和建国都是大学生（根据情景知识所作直接推理）

b. 建邦是大学生和建国是大学生 $p \& q$

---   即：---

建国是大学生 q（联言推理）

c. 如果是大学生,就在大学里学习 $p \rightarrow q$

建国是大学生 p

————————————————— 即:—————————

建国在大学里学习 q(肯定前件式假言

推理: modus ponens)

由于乙早已知道建邦在哪所大学学习,现在推出建国也在大学里学习,而乙不知道他在哪所大学,所以乙才问:<u>建国在哪所大学念书?</u>而当甲听到他的问话时,不仅知道他听清了自己的话而且作出了正确的推理,而且从乙只问建国而不问建邦,可以推出他已经知道建邦在哪里念书(除非他知道乙有其他原因更关心建国而不关心建邦),因为否则他的问话就不是完全连贯的。正是这些甲乙交谈背后的推理活动,使他们表面不连贯的对话具有了连贯性。

有时,不是听别人的话之后,才进行推理并获得信息,而是说话人预先根据心目中的一些推理环节在说话,使得他从对方的回应中能够获得自己所需要的信息。试再看一段普通的对话:

(5)甲:老王到你那儿报到了吗?

乙:没有。

甲:他还没有收到我的信。

甲的第二句话是不连贯的,但他既然这样说了,我们从连贯的角度去分析它,就发现:要使他的话成为连贯的,他说话之前心目中必须有一个前提:"如果老王已经收到我的信,他一定会去报到的。"因此,当乙回答<u>没有</u>时,他根据如下推理并得出"老王还没有收到我的信"的结论,而这可能正是他发问时所主要想知道的。

(例5,图解)

如果老王已经收到我的信,他一定会去报到

他没有去报到

—————————————————————

他没有收到我的信

也就是说他用的是否定后件式假言推理(modus tollens),即:

$$p \rightarrow q$$
$$-q$$
$$\overline{}$$
$$-p$$

回忆一下 3.5.2 中女主人对机器人维姬说的<u>请把这包面粉</u><u>搁在碗里</u>,或许可以使说话对推理的依赖看得更清楚<u>一些</u>。这里一个推理的前提与结论全部被省去,然而这省去的推理却直接影响话语的理解,机器人就因缺乏生活经验作为前提,所以闹了笑话。她的错误是典型的机器人犯的,因为凡是真正的人听到女主人的话,都会发现她的话与语境不连贯,也就是说在这种情况下说这话是不通的,怎么能把包装好的面粉放到打好的蛋中呢? 于是他要根据世界知识完成一个推理过程,以建立女主人说话的连贯性:

如果食物是有包装的,食用前必须先去掉包装
这包面粉是有包装的
$$\overline{}$$

这包面粉食用前必须先去掉包装

根据推理的结果,他去了包装把面粉放进蛋碗,女主人看着也就知道她说话的连贯性已被正确地建立起来。然而这整个的推理过程并无任何语言提示,纯粹需由听话人凭知识增加进去,因此无怪乎机器人维姬无法办到。

书面语中一般把思路和背景知识交代得较清楚,因为要照顾读者理解的方便。但说得一清二楚,又会使人感觉一览无余,这是文艺作品,尤其诗歌所忌讳的,因为诗歌的形象美很大程度上要取决于建立连贯性过程中的新意。

因此,无论是无准备的谈话或有准备的文艺创作,往往都由于不同的原因而以扼要、含蓄的表达为目标,把语篇的连贯性留给听者或读者去建立。日常用语中,例如(3)和(4),是为了简捷,免得噜哩噜苏惹人讨厌;诗歌中,则是为了艺术效果;而介乎这两者之间的各种

语体,如口头演讲或各式书面用语,经常两者兼而有之,既要简洁又要带点艺术性,所以也力求避免烦琐,适当处还加上些有新意的写法。因此只剩下不怕啰苏的法律文书和某些学术著作在那里追求完整的表达,然而也只能在关键处力争做到如此,非关键处同样能省略就省略。

4.1.3 得出会话含义。在上一节讨论建立语篇连贯性的过程中,已经涉及过领会含义的问题。例如例(4)中,从乙仅问建国在哪里念书,我们可以推出他大概已经知道建邦的学校。这种含义都是直接从字面意义推导出来,并且用来充实或者体现字面意义的,因此所涉及的是直义句的推理(程雨民1995)。格赖斯所引入语言研究的所谓"会话含义"则不同,它是由于字面意义不符合语篇连贯性的要求,而调用情景或世界知识所推断出来的,用以替代字面意义的含义,也就是所谓"说的是 p,含义是 q"。因此会话含义是语句在具体语境中的转义。得出会话含义的作用,也是为了建立语篇的连贯性,但它的途径不是通过补足含义,而是用连贯的概念来替代不连贯的概念。

格赖斯(Grice 1967)认为,人们说话客观上必然遵循"合作原则",具体体现这原则的有质、量、关系、方式等方面的准则,当字面意义 p 显示不遵守某项准则或总的合作原则时,听者就根据情景或世界知识推出符合合作原则的 q,作为说话人的真正意思。这个过程是和我们以上所谈的建立连贯性的总过程相符合的。格赖斯曾把导致会话含义的总模式表述为:"他说了 p;没有理由假设他不遵守各项准则或总的合作原则。他知道(而且也知道我知道他知道)我能够看出:需要的假设是他认为 q;他并没有设法防止我认为 q;他是要我认为,至少是愿意听任我认为 q;所以他的含义是 q"(参看程雨民1983)。

很明显,有一点格赖斯没有谈到,那就是:怎么能从 p 得出需要的 q?我们在这里要论证,这 q 是调用情景或世界知识进行推理所得出的结论。

试举一个常被引用的例子:

（6）甲：今晚去看电影好吗?

乙：我明天有场考试。

就字面而论,乙的回答 p 是不连贯的,属于答非所问之类,或按照格赖斯的说法是违反"关系准则",为了建立语篇的连贯性,我们把乙的回答理解为婉拒,即'我不能去',即 q。格赖斯的总模式只说在这种情况下 p 会被看做是 q,再经过几个检验 q 的步骤,如无阻碍,就确定为 q。然而 q 是如何从 p 中得出的呢? 显然是依靠"学生在考试前夜都要全力准备功课"这条知识,从中就不难推出结论:

（例6,图解一）

如果下一天有考试,前夜学生都要全力准备功课　　$p \rightarrow q$

乙下一天有考试　　p

———————————————————　即：　———————

乙前夜要全力准备功课　　q

（肯定前件式

假言推理）

乙晚上要全力准备功课

———————————————————

乙晚上不能看电影　　　（直接推理）

格赖斯本人指出,会谈含义"具有不确定性",也就是我们常说的或然性。所以会这样是因为这含义既是推出的,而前提往往说话双方心照不宣,口头上并不说出来,所以只要双方理解的前提不同,含义也就不同。在(6)中,假使甲知道乙喜欢在考试前夕放松,或乙接着说:<u>正好</u>,或<u>正好可以放松放松</u>,那么因为调用的前提不同,推理结论正好相反:

（例6,图解二）

如果下一天有考试,前夜需要放松放松

乙下一天有考试

———————————————————

乙前夜需要放松放松

既然看电影是休息放松的方式之一,结论就是乙接受邀请。

用什么推理过程来解释会话含义的得出,需视所用语言表达形式而定。假使乙说的是:<u>反正明天没有考试</u>,他的意思当然也是接受邀请,但用的却不能是图解一中的前提,"如果下一天有考试,前夜学生都要全力准备功课",因为如果从这条前提中推出"如果下一天没有考试,前夜学生都不要全力准备功课",将是错误的推理。正确解释<u>反正明天没有考试</u>这句话的,只能是一个稍有不同的否定式假言命题:

如果下一天没有考试,前夜学生不必全力准备功课 $p{\rightarrow}q$

乙下一天没有考试 p

_____ 即:—————

乙前夜不必全力准备功课 q

（肯定前件式假言推理)

这里所说<u>反正明天没有考试</u>提供了推理过程所需的小前提。

会话含义的得出,还有其他各种推理过程,以下 4.4 中将就格赖斯文中所举各种例子作一较全面的分析,请参阅。

4.2 语言中推理过程的特点

说话与逻辑推理的关系,许多人都谈到过,不过逻辑学家认为很多逻辑推理的规则在语言中用不上,语言中用的有些推理在逻辑中又被认为是不精确的;而语言学家则认为语言中许多含义的得出,并不能用逻辑来解释。因此,反反复复一直未能确定逻辑推理和语言的关系。其实,这在很大程度上是因为没有弄清自然语言中应用逻辑推理和逻辑学研究逻辑推理的区别。逻辑学研究推理可以利用自然语言,也可不用自然语言,逻辑学研究推理的目的是探索正确思维的规律。语言学中讲推理,范围只限于自然语言,目的是探索语言中实际用到的推理形式,并不关心它是否全面和精确。如果忽视了语言推理的特点,把逻辑学中的概念原封套用到语言中,自然有许多说不通之处。

以下就语言推理的选择性,前提的省略和不完全,以及以言语行动为基础的推理等方面,探讨语言中推理过程的特点。

4.2.1　语言中用到的推理形式。各种主要的推理形式语言中都需用到,但因为语言中所以要进行推理,目的不是解释正确思维所须遵循的规律,而是为了理解根据效率原则使用语言所构成的语篇。所以正如下一节将谈到,语言推理的第一个特点就是选择性:凡是有利于建立语篇连贯性的推理形式和推理结论都是有用的,否则就是无用的。因此,有的逻辑学家因为逻辑能推出语言中不适用的结论,而有的正确结论一般说话人都推不出,故而怀疑语言中是否真的要用到逻辑,实在是一种误会。指责语言学家采用逻辑中认为不精确的推理形式,如归纳推理,来解释语言应用,更是不恰当的,因为我们要探讨的不是语言怎样用才最精确,而是事实上语言是怎样用的。重要的是语言中到底是否用到某种推理形式,或者更确切些说:自然语言中的语篇是否能用某种推理形式建立起连贯性。

为了说明语言所用到的推理形式的特点,让我们先认识一下各种主要的推理形式。一般认为有以下几种主要的推理形式:

直接推理(如例3,图解)

三段论推理

关系推理

联言推理(如例4,图解 b)

选言推理(如例2,图解 a — e)

假言推理(如例4,图解 c(modus ponens),例5(modus tollens))

类比推理

其中本章尚未出现过的各举一例如下:

(7) 多少君王想长生不老,然而他们无非都是凡人。

(8) 王五在车里已经站不直了,李四比他更高。

(9) 我有个同事一生节俭,却把积蓄都输在赌马上,还有个表弟一夜输掉了祖传的三间典当。

我们知道(8)的含义是'君王不能长生',得出这个结论的途径是著

名的三段论,虽然它的大小前提和结论都没有提到:

（例7,图解）
人都是要死的
君王是人

————————————————

君王是要死的

例句(8)要传递的信息为'李四在车里站不直',这是根据关系推理得出的:

（例8,图解）
王五的高度超过车厢的内部高度　　　　aRb
李四的高度超过王五的高度　　　　　　cRa
————————————————　　即：————————
李四的高度超过车厢的内部高度　　　　cRb

(9)在可能是劝人戒赌的场合,有告诫人赌博能使人倾家荡产的含义,得出的途径是类比推理。那当然不是精确的逻辑推理,推理的触发既要靠情景,即劝人戒赌的场合,而且推理的结论并非必然,即并非任何人赌博都必然会导致倾家荡产。但说话人和听话人都习惯于用这样的推理:

（例9,图解）
同事赌博导致倾家荡产
表弟赌博导致倾家荡产
……

————————————————

任何人赌博都会导致倾家荡产

4.2.2　语言中推理过程的选择性。虽然各种推理形式都会用到,但正如以上已经提到,语言中推理过程的特点是,在何处用何推理形式和采用何种结论都根据建立语篇连贯性的需要而定。在语言交际中,推理自身不是目的,而是为了帮助理解语篇所传递的信息。因此,凡是无助于建立语篇连贯性的推理形式和结论,就不被采纳,相反,有助于建立语篇连贯性的推理形式和结论,尽管它不为当代的逻辑学所认可,只要能反映说话人的思想途径,有利于解释他的用语,都是有用的。这一点对解释某些逻辑学家和语言学家对逻辑与语言的关系所存怀疑,至关重要。

关于能够有效推出,但在语言中却无用的推理结论,以及一般说话人都推不出的有效推理,约翰逊-莱尔特的论文"不用逻辑的推论"(Johnson-Laird 1986)中都举过例子。他的论文是讨论思维过程,而不是针对语言使用的,他得出"不用逻辑"的结论是因为有些推理结论无法或难以用形式逻辑解释。我们这里讨论的是语言中如何利用逻辑,因此角度不同,而且正如以下将提到,我们对"不用逻辑"的观点也有存疑。不过他举的例子很典型,因此不妨就从他的论文谈起。

第一方面,有效而无用的推理结论的例子,他是这样举的:

> 然而事实上,任何一组前提都蕴涵无穷数量的各种有效推理。例如:
>
>> 如果报警灯亮了,那么系统出了毛病。
>> 报警灯亮了。
>
> 绝大多数人都会得出这样的结论:
>
>> 系统出了毛病。
>
> 但是逻辑也允许作出下述结论:
>
>> 报警灯亮了,或如果报警灯亮了,那么系统出了毛病。

而且只要不断重复前提,就能一直继续下去,以至无穷。仿此,依据下述推理规则:

$$\frac{p}{p \text{ 或 } q}$$

还可得出有效推理如:

系统出了毛病,或政府放弃了货币主义。

也就是说,只要 p 是对的,加上任何不相干的 q,整个推理依旧是对的。约翰逊-莱尔特说:"即使逻辑地说来这些都是有效的推理,但没有一个头脑清醒的人会作出这样的结论。因此心理学家需要提出一个推理能力的理论,以便解释人们**实际**所作出的推理。"

约翰逊-莱尔特是用"相对信息量"的理论来解释的,例如,因为"p"的信息量大于"p 或 q",所以当"系统出了毛病"是有效推理时,就没有理由得出"报警灯亮了,或如果报警灯亮了,那么系统出了毛病"或"系统出了毛病,或政府放弃了货币主义"这一类"p 或 q"的结论。这是一种逻辑学家喜欢的,在设定前提下得出必然结论的解释办法。

但是这里所进行的推理,目的是建立语篇的连贯性,前提是说话人从自己的知识库中提取的,不同于做逻辑练习。所以得出结论的过程既比逻辑练习简单,又比逻辑练习宽松。当听话人听到说"此时报警灯突然亮了"时,得出'系统出了毛病'的结论,既然这结论已经能满足建立语篇连贯性的要求,他既不会去关心按逻辑规则还能推出'报警灯亮了,或如果报警灯亮了,那么系统出了毛病'或'系统出了毛病,或政府放弃了货币主义'这样的可能结论,因为既没有这需要,他头脑中也没有这样的现成知识。相反,假使报警灯亮起设定的含义本来就是'政府放弃了货币主义',那么结论首先就是'政府放弃了货币主义',而如果当时的情况正好政府的政策执行得很顺利,很难相信会突然放弃货币主义,听话人可能会得出'也可能是报警系统出了毛病'的结论。但这结论不是应用他所不熟悉的逻辑推演得出的,而是因为机器出毛病或被破坏的可能永远存在。他临时增添了以此为前提的推理:如果机器出了毛病,或被人破坏,警报灯就会亮起。可见,在语言使用中应用逻辑,和进行逻辑探讨是并不相同的两回事。

建立连贯性的解释,之所以更适用于语言应用,就在于它能够说明说话人如何根据具体情况采用或不采用某一推理的结论。他可以因为判定"政府放弃了货币主义"与语篇无关,缺乏连贯性,而排斥

"系统出了毛病,或政府放弃了货币主义"的结论,只采用"系统出了毛病"作为结论;但也能根据"系统"指的是政府执行货币主义而"系统"也能因某种原因而发生错误信号,所以接受"系统出了毛病,或政府放弃了货币主义"的结论。这是比纯形式的"相对信息量"理论更符合于说话实际的一种解释。

第二方面关于一般说话人都推不出的有效结论(即有大小前提,却得出错误结论,或得不出结论),约翰逊-莱尔特的例子是这样的:

> 有的问卷,没什么人能够正确回答,这里是一个例子:
>
> > 所有的养蜂人都是艺术家。
> > 所有的化学家都不是养蜂人。
>
> 在一次典型的调研中,回答情况如下:
>
> > 所有化学家都不是艺术家。(占被问者60%)
> > 所有艺术家都不是化学家。(占被问者10%)
> > 得不出有效结论。(占被问者20%)
> > 有些化学家不是艺术家。(占被问者10%)
> > 有些艺术家不是化学家。(占被问者0%)
>
> 没有人作出最后一个回答,其实它是这些回答中唯一正确的。
>
> ……

在这基础上,约翰逊-莱尔特提出自己"不用逻辑",而用"语义程序"进行推论的观点。

其实,三段论有四个格共二十四个正确的式(参看卢卡西维茨1991:5),其中有些是我们所熟悉的,在说话中经常用到,有些是我们所不熟悉的,在说话中并不用到,假使有人作为问卷或别的目的出了这样的问题,我们就答不出结论。这就像有些数学问题(简单的加、减、乘、除等)大家熟悉,在说话中经常用到,而涉及难的数学问题时,多数人就不能理解。但是只要我们按照三段论的要求检查,就不难看出所谓得不出结论,到底是怎么回事。让我们先复述一下约翰逊-莱尔特的例子,作为例(10):

（10）所有的养蜂人都是艺术家。

所有的化学家都不是养蜂人。

其中第一个前提是全称肯定命题（A），第二个是全称否定命题（E），在这样的排列下，根据中项的位置，应属于第一格，但第一格中的前提没有 AE 这样的排列顺序，而大小前提倒置是允许的，所以判定按大小前提的顺序排列，它们应为：

（10a）所有的化学家都不是养蜂人。

所有的养蜂人都是艺术家。

根据中项的位置和前提的 EA 排列，应为第四格的 EAO 式，随之任何知道三段论规则的人都能轻易得出"有些艺术家不是化学家"的结论（因为"养蜂人"是中项，"艺术家"是主项，"化学家"是谓项，O 要求的是特称否定命题）。因此，所谓无人能答出，不是因为有什么逻辑推理所难以解决的问题，而只是因为第四格的这一个式显然不为人们所熟悉。

因此，从使用语言的角度看，（10）既然是人们普遍不熟悉的，说话人不能意识到通过它可以传递"有些艺术家不是化学家"的信息，自然也不会这样说话，即使他这样说了，也不能指望听话人得出这样的结论，这就违反了说话的合作原则。因此，像（10）这样一般人推不出结论的前提，并不能证明说话不用逻辑，而只说明说话中不会用到它，正好又一次证明语言中应用逻辑的选择性。

约翰逊-莱尔特的着眼点有所不同，他不是讨论推理与语言的关系，而是从逻辑学的角度探讨推论所用的方法。他试图论证用"语义程序"可以统一解释人们的正确推理过程，用来反对以形式（数理）逻辑来统一解释正确思维的主张。这是一个逻辑学上的争论，不属我们讨论的范围。但约翰逊-莱尔特对（10）的讨论至少有一个问题：既然事实是人们都答不出，怎么能用（10）证明"语义程序"是有用的呢？既然是有用的，为什么得不出结论呢？约翰逊-莱尔特只是通过几种错误回答所占不同的百分比，来说明正是因为人们思维用"语义程序"所以有这样的差别。如何能以得出错误结论时用的方法，证明得出正确结论时也应用这种方法呢？相反，颠倒一下大小前提的顺序,就能顺利得出正确结论,岂不就说明这是可以用的方法,所以得不出结论,仅仅因为不知道大小前提的顺序是可以颠倒的。

4.2.3 语言中所用推理的第二个特点是常省略前提或结论。说话中遵循效率原则,基本原因是由于交际的需要,能够把意思表明了,就不必再噜苏,因此既然一些推理的过程是大家所熟悉的,前提或结论的省略是很自然的事情。试看以下三种意义相同的说法,它们各自都省略了三段论中的两段,然而意义已经完全明白,没有必要表达得更完整:

(11) a. 许多君王都想长生不老。可是他们都是人。

　　　b. 许多君王都想长生不老。可是人必有死。

　　　c. 许多君主都想长生不老。可是他们都是有死的。

每个例子中以<u>可是</u>开始的一句,虽然说法各不相同,意思却是一样的,这是因为它们都是下述三段论中的一段,只是把其他两段省略了而已:

(例11,图解)

人必有死。

君王是人。
_____

君王有死。

(11a)中点出小前提,让听者自行调出大前提,并得出结论作为所要传递的信息。(11b)中点出大前提,让听者自行提供小前提,并得出结论作为所要传递的信息。(11c)中略去大、小前提,直接提出结论作为所要传递的信息。因此,(11c)对于熟悉这个推理过程,并且习惯于在推理基础上说话的人类来说,只能算一个不依靠推理的直接陈述,但试想机器人将怎样反应:"为什么他们想长生却不免一死呢?"这时背后整个推理过程的作用就显露出来:"人必有死,君王是人,所以君王虽然想长生,却不免一死。"机器人所以不理解是因为缺乏大前提和小前提的知识。

这样就跟以上 4.1.2 中机器人维姬的例子联系上了。在这里,省略了大、小前提,所以机器人不理解"君王都难免一死"的结论是怎样来的,因而提出人类不会提出的问题;在维姬的例子中,因为不仅大、小前提,而且结论也省略了,所以机器人没有提出问题,而是用自己的行动表示出她的不理解。类似这两个例子的说话方式,在生活中是常见现象,而人类不问机器人的问题,也不犯机器人的错误,说明人类是经常在说话中自行调取前提,或者补足整个被省略的推理。

语言中省略前提的另一个表现,是对有些较长的前提采取点到就止,让听者去补全的办法。前一章 3.5 节中曾举过这样一个例子:

(12)我明天不能来上课了,我要陪我母亲去医院。

这句话所提到的理由是十分不够的,母亲要去医院和儿子不能到学校上课之间的联系,还缺少很多环节。因此,这样一句话所以能够作为请假的理由提出,而且一般情况下也会被接受,是因为双方都以下列推理为依据:

(例12,图解)

如果有母亲须去医院看病,而且她必须有人陪同,而且没有别人可以陪她,而且时间上陪她去医院和上课不能兼顾,而且观念上在这种情况下陪同母亲去医院应该优先于上课,那么该人就应陪同母亲去医院。

说话人的母亲须去医院看病,而且她必须有人陪同而且没有别人可以陪她,而且时间上陪她去医院和上课不能兼顾,而且观念上在这种情况下陪同母亲去医院应该优先于上课。

说话人应陪同母亲去医院。

$$p\&q\&r\&s\&t\rightarrow u$$
$$p\&q\&r\&s\&t$$
$$即:\frac{}{u}$$

但实际上被提及的只是<u>母亲要去医院</u>,即 p,所以不仅大前提被省略,而且小前提也只起了一个头:

$$(p\&q\&r\&s\&t{\rightarrow}u)$$
$$p(q\&r\&s\&t)$$
$$\overline{}$$
$$u$$

既然完全没提到的推理也能起到作用(像在维姬的例子中),这里只提小前提的一部分,整个推理就起到作用,当然也不难理解。

4.2.4 **以言语行动为依据所进行的推理。**语言交际中用到的推理,并不都是通过词语所指的概念,也能依据语句所完成的言语行动而进行。正是由于对这一点缺乏认识,所以有些学者认为语言现象难以用推理来解释。其实不论以言语行动为命题内容,或是与命题内容无关的言语行动,都能据以进行推理,以建立语篇的连贯性。

所谓的"间接语现行动"(indirect illocutionary acts)(Searle 1979:30—57)就是一个例子。叟尔的研究明确了从直接语现行动中得出间接语现行动的条件,即需要满足所谓的恰当性条件(felicity conditions)。例如"祈请"的恰当性条件是:被请求者具有完成要求的能力,请求者可能有这样的愿望,而且被请者并没有开始做这事。因此假使问对话者有没有能力做某事,在说话人有可能是想请他做该事的情况下,"问题"就可能转为"祈请"。然而在这些条件下转变究竟是如何实现的? 而且可能转变并不是一定转变,因此,另有一个问题是:在具体情况下如何判定变与不变? 这两个问题叟尔并没有讨论。以下从根据言语行动所作的推理,对此作一说明。

先从符合叟尔的条件为什么就能转变说起。让我们重温第三章中提到过的一个例子(第三章例(30),改为本章例(13)):

(13) 你能把橱顶上的卡片匣拿下吗?

从(13)的命题形式:[能 a(拿下(a,b))],推不出请求的含义,那么根据什么说符合了叟尔的几个条件,就能得出祈请的含义呢?

这是我们以(13)所完成的言语行动为依据,进行推理而得出的结论。叟尔所提出的恰当性条件,是我们进行推理(不用说是无意识的)时所用的大前提,话语所完成的行动(在(13)中为"对能力提问")以"点到就止"的方式提供了小前提,据此能推出间接行动作为结论:

(例13,图解一)

如果说话人提到听话人做某事的能力,而且说话人要(或可能要)做这事,而且听话人并未开始做这事,那么说话人可能要听话人做这件事。

说话人提到听话人做某事的能力(而且说话人要(或可能要)做这件事,而且听话人并未开始做这事)。

说话人可能要听话人做这事。

以 p 表示听话人的能力,q 表示说话人的愿望,r 表示听话人未开始做某事,s 表示说话人的"祈请",以上图解可表述为:

$(p\&q\&r\rightarrow s)$(叟尔的恰当性条件)
$q(\&q\&r)$　　　(例(13)的内容)

---

s

因此(13)跟(12)一样,是一个省略大前提而且仅仅部分提到小前提的推理过程,只是小前提的内容不是以词句所表达的概念,而以词句完成的行动为基础。叟尔所曾提到的其他间接语现行动的类型,也能根据同样的推理过程,得到相同的结论。例如有这样两句话:

(14) 我想要那橱顶上的卡片箱。

(15) 你应该把橱顶上的卡片箱拿下来。

这两句话中,第一句表示说话人的愿望,第二句指出听话人的责任,按字面都不表示祈请,但我们都知道它们经常起"祈请"的作用,这是为什么呢? 这是因为(14)完成表示说话人愿望的言语行动,就是提出"说话人要做这件事",相当于叟尔恰当性条件中的 q,而(15)涉及其中的 r("应该做"意味着"尚未做"),因此,(14)、(15)两句起到"祈请"作用的途径也和(13)一样,只是小前提中提到的部分分别改成了 q 和 r,即:

(例14,图解一)	(例15,图解一)
$(p\&q\&r{\rightarrow}s)$	$(p\&q\&r{\rightarrow}s)$
$q(\&p\&r)$	$r(\&p\&q)$
———————	———————
s	s

因此(13—15)各句都可能起到两个作用。一个是由字面意义得来的直接语现行动,即(13)为"问题",(14)为"愿望",(15)为职责的"陈述"。另一个是间接语现行动,三句均为"祈请"。那么怎么对它们进行选择呢? 其实只是一个选言命题的推理,不过选择项不是概念而是言语行动。

例如(13),按字面意义它是一个问题,但也能起到祈请的间接作用。所以就完成的行动而言它是 $[u(问题)$ 或 $s(祈请)]$。假使听话人认为对方提这样的问题是"通的",即在语境中连贯的,他就按字面意义加以理解。例如第三章中提到的孩子,因为正处在长身体时期,常被问到类似问题,所以他就是这样对待这问题的,他只回答:能,而不挪身。但一般成年人,特别当年长者提出这问题时,会得出结论:"他没有理由对我的能力感兴趣,因此他是要我得出祈请的结论。"也就是说,成年人完成了这样的推理:

(例13,图解二)

    $u(问题)$ 或 $s(祈请)$

$-u$

——————————————

    s

(14)和(15)按面意义分别是说话人愿望和听话人职责的陈述,但也能起祈请的间接作用,当陈述被否定后,就得出祈请(s),即:

(例 14, 图解二)   (例 15, 图解二)

v(愿望的陈述)或 s(祈请) w(职责的陈述)或 s(祈请)

$-v$ $-w$

————————————   ————————————

s s

这样,同时也说明了为什么(13—15)虽然字面意义各异,然而却能有相同的语境意义:它们都能表示祈请(s),而祈请的内容又是相同的,即'把橱顶上的卡片匣拿下',所以就所传递的信息而言,它们是同义的。

以上所讨论的言语行动推理,间接地还是与命题内容有关,然而这不是必要条件,命题内容可与推理过程完全无关。第三章中引自斯珀伯和威尔逊(Sperber and Wilson 1986)的(31)就是这样的例子,现将有关部分转录如下:

(16)

A: Did your treatment for stammering work?　　甲: 你治疗口吃有效吗?

B: Peter picked a peck of pickled pepper.　　乙: 彼得劈了一片劈掉外皮的劈柴。(仿原文效果译)

A: How amazing!　　甲: 多么惊人!

B 的话直接按绕口令的作用进入推理过程,与它的命题意义(无论是英文的'彼得挑了一堆腌渍的辣椒',或汉语仿译的'彼得劈了一片劈掉外皮的劈柴')都毫无关系。它的推理过程是:

(例 16, 图解)

如果某个接受口吃治疗者把绕口令念得很好,他已经从治疗中得益。

彼得把绕口令念得很好。

————————————————————————

彼得已经从治疗中得益。

由于得出这样的推理结论,所以 A 的反应是:<u>多么惊人!</u> 关于这类

与命题内容无关的推理过程,以下 4.4 对格赖斯所引的例证分析时
还会遇到。

4.3　语言推理的或然性与实践检验

语言中的推理按其前提来源可分两类。一类是根据语言知识所
进行的推理,凡根据语义蕴涵、连接词词义、语法搭配等知识出发所
作的推理都属此类,它的特点是:因为前提是语言系统中给定的,所
以结论基本上是确定的,没有什么分歧的余地,但也不尽然如此,在
语言体系中有歧义而靠上下文不能尽行排除时,仍可能有不确定的
结论。另一类则根据调用世界知识或语境知识而推出,假使调用的
知识是确定的而且是人们普遍承认的,如"人必有死",那么结论也是
确定的。但因为说话中依靠的知识往往不是普遍承认,而是受到历
史、文化、社会、语境等等因素局限的,再加上说话中遵循效率原则,
一般都省略前提,即如约翰逊-莱尔特(Johnson-Laird 1986:43)所说
的进行缺损推理,因此由于调用的前提不同,或对前提有不同的历
史、文化、社会、语境认识,对说话的含义可有各种不同的理解。在这
样的情况下,像形式主义语言学那样期望在语句或语篇的范围中确
定语言的意义,是难以想象的。我们实际所做的是,根据自己的语言
和语境知识,估计到对方的意图和对方对我们的知识系统的估计
(3.6.1),作出我们所认为是正确的理解,据以行事或继续谈话,让实
践来证实或纠正我们的理解。

以下几段对话中,开始都因不同的原因有过误解,后来在继续谈
话中纠正了:

(17) 甲:场地用[liba]围住。

　　　乙:竹篱笆不够牢固吧。

　　　甲:我是说用[liba]垒起的矮墙。

　　　乙:噢。(注:这时他已理解甲说的[liba]指"泥巴"。)

(18) 甲:老王对老李说,他已经给他打过三次电话。

　　　乙:怎么会呢? 老李一直在家。

　　　甲:他是被老李逼得光火了。

乙：原来如此。（注：这时他才明白原来是老李给老王打
了三次电话。）

（19）客人：听说云溪很好玩。

主人：我们明天可安排辆车一起去看看。

客人：啊，谢谢你的好意，可我明天早晨就得赶回去开个
重要的会。（注：他以此说明原本就没有建议去玩
的意图。）

（20）主人（开门迎客）：我说呢，今天怎么喜鹊老叫个没完。

客人：你没有睡好午觉？我打扰你了吗？

主人：我的意思是说欢迎你。

（注：客人可能是外国人，汉语讲得很好，但还不知
道"喜鹊叫，客人到"的谚语。）

（17）中的误解是由于方言中不分 n 和 l；（18）中的误解是由于代词
他的前照应不明确，都属于语言系统的原因所引起；（19）中的误解是
由于没有正确把握说话人的意图；（20）中的误解是由于文化因素。
这些误解的出现是常见而且难以避免的，在实践中进行纠正并不
困难。

4.4　格赖斯所举例证中从 *p* 到 *q* 的推理过程

格赖斯（Grice 1967）对会话含义的得出，只强调"说了 *p*，而需要
假设的是 *q*"，并没有说明如何从 *p* 得出 *q*。他所表述的"导致会话含
义的总模式"以上 4.1.3 中曾引过，这里再援引如下：

他说了 *p*；没有理由假设他不遵守各项准则或总的合作原
则。他知道（而且也知道我知道他知道）我能够看出：需要的假
设是他认为 *q*；他并没有设法防止我认为 *q*；他是要我认为，至少
是愿意听任我认为 *q*，所以他的含义是 *q*。

在这段话的前面，他还说到，"典型地促使会话含义产生的"，是
彰明昭著地违反质、量、关系、方式等方面的某一条准则。也就是
说，产生会话含义的过程是：因为 *p* 不连贯（典型的是违反了各
项准则），所以假设他要说的是 *q*，如果 *q* 通过验证，*q* 就是会话

含义。

这里产生两个问题。一是并没有指出从 p 推出 q 的途径,估计是因为他感到有困难。二是有时并没有明显违反准则,却仍然产生会话含义。虽然"典型地促使会话含义产生"的提法与此并不矛盾,但究竟为什么会产生会话含义的问题就没有了答复。

在本节中我们要提出,从建立语篇连贯性的角度出发,照顾到4.2中所述语言推理的各个特点,特别是由于论证了以言语行动为基础的推理,已经可以说明从 p 到 q 的推理途径。而由于统一从建立语篇连贯性的要求出发(4.1.2),也不必再纠缠于是否和如何违反准则。格赖斯所引例证种类较多,以下我们一一加以分析,一则是为了进一步阐明如何用推理获得会话含义的具体途径,二则借以验证语言中普遍应用推理的论点。①

4.4.1　格赖斯把所举第一组(Group A)中的例子称呼为:"没有准则被违反,或至少说不清何项准则被违反的例子。"其中第一个例子是这样的:

(21)(情景描述从略,以下各例同)

A：I am out of petrol.　　　甲：我没油啦。

B：There is a garage round　乙：转角上有个修车行。
　　the corner.

按照格赖斯自己的说明,B 的含义是'那修车行是,或至少可能是开的,而且有汽油出售'。这样,含义就是 p 的补充,而不是取代它的 q 了,不符合格赖斯自己在"总模式"中的表述。

----

① 格赖斯提出的"合作原则"和它的检验"准则"在语言学界争论不休,怎么也解释不妥帖。后来我发现原来他把其间的关系讲倒了。客观事实是:凡是语篇就当作遵守"准则"、符合"合作原则"看待。而他说成了:语篇必须遵循这些"准则",以符合"合作原则"。这样,就要证明说话人随时都在主动地遵循"准则",就讲不圆了。我在《"人本语义学"十论》第七章中讲了这问题。写本书时尚未发现这点,这里是从建立语篇连贯性的角度解释"会话含义"的,与客观符合说不矛盾。

其实只要我们意识到两句话表面上是不连贯的,为了从合作原则出发建立连贯性,我们就会调取生活经验中与 B 的话有关的知识作为前提,同时考虑到语言中对较长的前提常采取点到为止(4.2.3),让听者去补全的处理法,就不难看出(21)得出会话含义的过程与(12)相同,也就是:

(例 21,图解)
如果有一家修车行,而且它是开的,而且它有汽油出售,
　　那么就能从那里获得汽油。
有一家修车行(而且它可能是开的,而且有汽油出售)。
_____

所以可能从那里获得汽油。

$$p\ \&\ r\ \&\ s \to q \quad (\text{调取知识作为大前提})$$
$$p\ (\&\ r\ \&\ s) \quad (\text{部分表述的小前提})$$
即:_____
$$q \quad (\text{结论})$$

这样我们看到,含义不是如格赖斯所说的'那修车行是,或至少可能是开的,而且有汽油出售'(这些只是对小前提的补足),而是'你可能从那里获得汽油'。这既是符合我们直觉的,又是一个取代 p 的 q(说的是'有一家修车行',意思是'你能从那里获得汽油'),所以也符合格赖斯的表述:"他说了 p,他的意思是 q。"

本组中还有一个例子,那就是:

(22) A: Smith doesn't seem to have a girlfriend these days.　　　甲:斯密斯近来好像没有女朋友。

B: He has been paying a lot of visits to New York lately.　　　乙:他最近常去纽约作客。

同样,这里所需要的是调取一个大前提,B 说的话是一个小前提,从中得出的结论就是需要得出的会话含义:

（例22,图解）

如果某人常去一个地方,他可能有女朋友 $p{\to}q$
    在那里。

斯密斯常去一个地方 p

—————————————————————   即： ——————

斯密斯可能有女朋友在那地方。 q

因此,这是很典型的"说的是 p ,含义是 q "。

4.4.2　格赖斯的第二和第三组(Groups B and C)中的例子,大多与以言语行动为基础的推理有关(参看4.2.4)。其中第二组只有一个例子：

（23）

A：Where does C live?　　甲：C住在哪里?

B：Somewhere in the south　　乙：法国南部什么地方。
　　of France.

孤立地看来,这里 B 的答话是连贯的,它提供明确的信息,即在法国南部,只是南部的具体地点不确定。假使随便问问某人在哪里,这么回答已经足够。所以格赖斯说明,A 是打算顺便去看 C 时这么问的,而且 B 也知道这点,因此 B 的话由于信息不足而违反了一条行为准则。这条准则是："如果你知道某件可以告诉对话人的事,那么当你的对话人需要知道时你就告诉他。"就因为 B 没有这样做,所以才如格赖斯解释的：A 得出 B 并不确切知道 C 的地址这一结论。这是一个以言语行动为依据所进行的推理(参看4.2.4),这里要经过一个否定后件式的假言命题推理(modus tollens)：

（例23,图解）

如果你知道某件可以告诉对话人的事,

　　那么当你的对话人需要知道时你就告诉他。 $p{\to}q$

当 B 的对话人需要知道时 B 没有告诉他。 $-q$

—————————————————————   即： ——————

B 不知道这件本可以告诉对话人的事。 $-p$

可见（23）中 B 的话，字面上本是连贯的，只是在行为层上它没有满足 A 的要求，那么为什么不能满足这样一个平常的要求呢？我们为了在这点上"想通"（建立连贯性），才通过 23 图解中的途径，得出 B 并不知道的结论，这样就在行为层上也连贯了。

在因违反准则而产生会话含义的第三类例子中，还有些例子，它们的语篇连贯性全不依靠命题意义，而依靠它们所完成的行为（参看以上（16））。最突出的是这一例证：

（24）

... At a genteel tea party, A says Mrs. X is an old bag. There is a moment of appalled silence, and then B says The weather has been quite delightful this summer, hasn't it?...	……在一次高雅的茶会上某甲说某夫人是个老八怪。一阵尴尬的沉默之后，某乙说道：<u>今年夏天气候相当宜人，对吗？</u>……

这个例子所以与众不同，是因为某乙说的话，命题内容并不重要，只要是与某甲的话搭不上关系，能够起到转变话题作用的，随便说些什么属于闲聊性质的话都行，例如：<u>昨天电视里的巴黎时装表演大家看了吗？</u>或<u>报上说有人在本市看到飞碟，你们说是怎么回事？</u>所以这样，是因为推理所调用的前提与说话的命题内容无关，而是从生活经验中提取的一条行为准则："如果一个神志清醒的人猝然转换话题，那么他是突然想到要讲什么重要的话，或是需要挽回有人失言造成的尴尬局面。"而乙说的话正是猝然转换话题，因此它促使我们作出以下的假言命题推理：

（例24，图解一）

如果一个神志清醒的人猝然转换话　　　$p \rightarrow (r$ 或 $q)$
　　题，那么他是突然想到要讲什么
　　重要的话，或是需要挽回有人失
　　言造成的尴尬局面。

乙猝然转换话题。	p
即：
乙是突然想到要讲什么重要的话，或 　是需要挽回有人失言造成的尴尬 　局面	r 或 q

进一步，根据乙提出的是典型的闲谈话题，显然并无重要的话要讲，所以通过选言命题推理，而得出所需要的结论：

（例24，图解二）

乙是突然想到什么重要的话，或是需要 　挽回有人失言造成的尴尬局面。	r 或 q
乙并无重要的话要讲。	$-r$
即：
乙是要挽回有人失言造成的尴尬局面。	q

与本例属于同样类型的还有关于写作推荐信的一例，这里的含义不是从信的具体命题内容，而是从信的内容避免提到要害而推出的。格赖斯是这样写的：

（25）

A is writing a testimonial about a pupil who is a candidate for a philosophy job, and his letter reads as follows："Dear Sir, Mr. X's command of English is excellent, and his attendance at tutorials has been regular. Yours, etc."

某甲的学生是一份哲学工作的候选人，而某甲为他写的证明信为："亲爱的先生，某君精通英语，讨论课按时出席。您的，等等，等等。"

这封推荐信的含义是：不推荐某君做该项哲学工作。促使我们进行推理的是，信的内容文不对题，它违反了一条行为准则："如果推荐某人担任专业工作，就要介绍他的专业能力。"以这条准则为前提，通过否定后件的假言推理（modus tollens），就推出不介绍某君担任此项工作的结论：

（例 25，图解）

如果推荐某人担任专业工作，就要介　　　　　$p{\rightarrow}q$
　　绍他的专业能力。

甲不介绍他的专业能力。　　　　　　　　　　$-q$
———————————————————————— 即：——————

甲不推荐某人担任专业工作。　　　　　　　　$-p$

4.4.3　格赖斯在第三类中还举了一些有关修辞手段的例子，说它们违反了"质"的原则。它们是：

(26)

a. 讽刺(Irony)。A 迄今都与 X 关系密切，可是后者却将 A 的机密透露给了一个商业上的对手。A 和他的听者都知道这点。A 说：X is a fine friend(某某是一个出色的朋友)。

b. 隐喻(Metaphor)。诸如 You are the cream in my coffee(直义为'你是我咖啡中的奶油'，喻'你是我的骄傲和欢乐')……

c. 缓叙(Meiosis)。大家都知道某人把家具都砸了，可是有人却说：He was a little intoxicated(他当时已经有点醉醺醺)。

d. 夸张(Hyperbole)。Every nice girl loves a sailor(每一个好姑娘都爱水手)。

这些例子有一个简单的解释，就是每一种用法都有一条相应的语用规则，或称"修辞手段"：

（1）凡是有评价含义的词语用于显然不适用处，可能是指它的反面。由于这条语用规则，这些有评价意义的词语在语篇中都有歧义：好既能是'好'也可能是'坏'(例子见 26a)，大既能是'大'也可能是'小'，例如说，这房子真大；坏既能是'坏'也可能是'好'，例如，打情骂俏时说：你这个坏蛋。

（2）凡是将某事物 A 称作 X 而引起语篇的表面不连贯，而可以将 X 解释为比喻 A，从而建立语篇的连贯性时，这就是以 X 比作 A 的隐喻。其结果在该特定语篇中 X 有了歧义：既是 X 的字面意义，又是 A。因此(26b)中的 cream in my coffee 既是'我咖啡中的奶油',又是'你是我的骄傲和欢乐'。

（3）凡是可能涉及含蓄表达处,有程度之分的各种表达法之间有时采用程度轻的来指程度重的,因此醉醺醺既能是'微醉',也能是'酩酊大醉'。

（4）凡是显然言过其实的,可能是夸张用语,须打了折扣来理解。这也是语篇中的歧义:一是字面理解,说 Every nice girl,就是无例外的'每一个好姑娘',另一个理解是打了折扣的'很多好姑娘',或甚至"有些好姑娘"。

这样,在涉及这些语用规则的语篇中,有关词语都有了歧义,即"p 或 q",当原义的 p 的解释不连贯,"讲不通"时,就通过典型的解歧过程得到 q:

（例 26,图解）

p 或 q

$-p$

———————

q

这样,这些例子都符合"说的是 p,含义是 q",而 q 正就是讽刺用语,隐喻,降格陈述和夸张用语。

格赖斯没有讨论双关语,但有一个例子涉及双关用法所引起的会话含义。那例子只有一个词:

（27）Peccavi.

这是个拉丁语中的单词句。据说一个英国将军攻占印度信德后,发了这样一个单词电报作为战报。原来这词英译为 I have sinned（我犯了罪孽）,而这句话又与 I have Sind（我已占有信德）谐音,所以也就形成了一种具有文字游戏性质的语篇歧义:p 或 q。作为战报,p 难以讲通,而 q 正是当时情景下指望的,故 p 被排除而结论为 q。

4.4.4 格赖斯第三类中有两个例子,虽然也能说"说的是 p,含义是 q",却并不符合会话含义必须产生于具体语境的要求,因此未必是会话含义的合适例子。它们是:

(28)

a. Women are women.   a. 女人就是女人。

b. War is war.   b. 战争就是战争。

格赖斯认为,这两句话违反"量"的原则,就是说按字面解释它们的信息量不足,因此 p 的解释受阻,于是听者尽他所能对说话人选用这一重叠用法作出解释,得出 q。然而实际上,对两句中第二个 women 和 war 的解释,并不取决于具体语境,而是这两词固有的转义,即不是指具体的人和事,而是指其典型特征。

根据推理途径作解释,这无非是一个直义或转义的选言命题推理:

(例28,图解)

  p(直义)或 q(转义)

$-p$

────────────────

    q

这种用法不仅见于重叠,不同的词也能遵循这样的解释途径,如说:The old poet is a child(那老诗人是个孩子),意思当然是说他童心未泯。

另外有一个例子,有多种歧义,却并不是"说的是 p,含义是 q"。那是格赖斯根据威廉·布莱克(William Blake)的诗句,稍行改动而成的句子:

(29) I sought to tell my love, love that never told can be.

这里有双重的歧义:my love 既能是'我的爱情',又能是'我的爱人',love that never told can be 既能是'无法讲述的爱情',又能是'不能被讲述的(讲了就会消失)爱情'。搭配起来可有四种释义,格赖斯以此作为有意写得晦涩的例子。但这是"p 或 q 或 r 或 s",而不是"说的是p,含义是q",无法得出会话含义。

还有两个例子,似乎也难以用会话含义来解释。它们是:

(30) She is probably deceiving him this evening.

她今晚可能就在背叛他(指她丈夫)。

(31) Miss X produced a series of sounds that corresponded closely with the score of 'Home sweet home'.

某小姐发出一连串酷似乐曲"甜蜜的家"的声音。

格赖斯声明,(30)是违反"质"的准则中"不说没有足够证据的话"这一条的例子,这类例子不好举,(30)"看来是一个选样。"他举这句话的用意是说:人们不把这话按字面意义的p理解,而理解为说这位女士常对丈夫不忠或说她属于这类人,即q。问题是并没理由认为需要排斥p,在讲一位女士与她丈夫关系的语境中,它是连贯的。我们只是在接受p作为语句传递的信息后,才从p推演出q,严格说来,这里的q不是q,而是p',因为'正在背叛他'和'对他不忠'不是两个概念,而是同一概念的两种表达。这是效率和效果原则下使用语言所常需作出的直义推演(参看以下4.4.5),当probably(可能)与进行式动词连用时经常能促成这样的推演,例如说:He is probably telling a lie at this very moment(此时此刻他可能就在撒谎)。既然说"可能",当然不是说确知如此,但所以这样说是因为他常如此,是这类人。

难于认为(31)是会话含义的恰当例子,同样是因为它的直义解释p可以接受,它是[唱(a,b)]这个逻辑命题的一个表达式,而同义表达之间一般都有语体色彩上的区别(3.8),因此,由于不说唱而说<u>发出一连串酷似……的声音</u>,可见有唱得不正确之处,所以我们断定含有贬义。

4.4.5 根据以上分析,会话含义的取得,可以统一以根据语句的命题意义或言语行动所得出的推理结论来解释。这样不仅不再需要纠缠于是否违反准则或违反哪条准则,而且更重要的是会话含义所体现的转义理解,也可与语言中其他句子所作的直义理解,作统一的解释,因为无非都是建立语篇连贯性这一要求下所得出的推理结论。区别仅在于,凡是"说的是 p,含义是 q",即 p 违反表面连贯而被拒绝时,得出的是会话含义,即转义理解;凡是 p 经过推理而被接受,并可能从中推出进一步的结论时为直义理解。以上分析的(21—27)各例中,p 都是被拒绝的,而为 q 所取代。而例如前面举过的(4)(这里重复引用,改为(32)):

（32）甲：老王两个儿子都是大学生。

乙：建国在哪所大学念书？

乙听到甲的话后,得到与字面相符的信息 p'老王的两个儿子都是大学生',又因为知道两个儿子的名字,所以推出 q:'建邦和建国都是大学生',而且还根据直接推理得出 r:'建邦和建国都在大学中念书',这 q 和 r 都是从 p 中直接推出的,属于直义理解。又如:

（33）甲：不知王五生前到过北京没有？

乙：我见过一张他在天坛照的相片。

乙说的是'王五在天坛拍过照'p,含义是'王五到过北京'q,表面上有些像会话含义,但这含义 q 并不取决于具体语境,而是正常地能从 p 中得出的,而且格赖斯强调会话含义可以取消,而这里不能,即不能申言:"我见过一张他在天坛照的相片,不过我不是说他到过北京。"可见这里的 q 不是用来取代 p 的会话含义,而是接受了 p 之后,从中推出的直义理解的 q。在我们的解释中,这两种含义都已统一为从语言表达中推出的结论。

以上(28—31)各例,格赖斯都是作为会话含义的例子举的,但因其中的 q 都是在 p 的基础上推出或与 p 并存的,所以我们提出存疑,认为是直义句的推理。

结束语

　　语言作为一个符号系统,必须以形式区别作为基础。然而语言系统在运作中并不仅限于凭借形式上有区别的信号来传递信息,它还紧密配合并利用人的思维能力。语言表达思维,思维反过来帮助语言把所要传递的信息串联起来,这是说话者预期他的话起作用的过程,也是成功的语言交流中听话者接受信号,理解说话人的寓意,正确领会信息的过程。语言所以能够满足人们无从估量的交流需要,而本身仍能保持在适当的量的范围之内,保持易学易用,便于为人所掌握的特点,关键就在于对人类智能的依靠。否则仅靠形式区别,不是不能满足交流需要,就是本身变得极端复杂而无法掌握,结果都不能起到语言应起的作用。

　　语言交流中产生误解是常见现象,原因是多样的,可能是说得不清楚,也可能没有听清,或者听说双方地域、文化背景不同,对所用词语互不熟悉。但语言表达大量依靠蕴含的前提和或然的推理,自然也是一个原因。不过正如我们所经常见到的,误解产生之后一般都能得到迅速纠正。这里,关键问题是是否考虑到实践的作用。语言理解,也像其他认识一样,需经实践的检验和修正,这是客观事实,考虑到这点,可以比较容易地说明语言系统的特征和运作过程,否则排除了实践的作用,把一切语言所起的作用都限制在形式区别的范围之内来进行解释,难免把问题弄得很复杂,却仍然难以解决。

　　语言系统不是按照干净利落、泾渭分明的精确原则形成的,它不像形式逻辑中设定的规则系统,它留有大量灵活、模糊使用的余地。这是语言的一大优点,使它能配合人类的智力活动,交流各种成熟或不成熟的认识和思想，以便逐渐加深对主客观世界的认识。既然如此，语言学的任务就不应该是设法建立一个所谓的"精确的系统"，而在于说明语言作为一个专为人类智力所适用的系统，它运作的特点恰恰是经常需要智力的参与。

参考书目

Allwood, Jens; Lars Gunnar Anderson; Östen Dahl
    (1977)   *Logic in Linguistics*. Cambridge: Cambridge University Press.

Austin, J. L.
    (1975)   *How to Do Things with Words*, Second Edition. Cambridge, Mass: Harvard University Press.

Bally, Charles
    (1909)   *Traité de stylistique française*, Vol. I and II, Third Edition. Genève and Paris, 1951.

Beaugrande, Robert de; Wolfgang Dressler
    (1981)   *Introduction into Text Linguistics*. London & New York: Longman.

Bolinger, Dwight; Donald A. Sears
    (1981)   *Aspects of Language*, Third Edition. New York: Harcourt Brace Jovanovich.

Contini-Morava, Ellen; Barbara Sussman Goldberg (eds.)
    (1995)   *Meaning as Explanation: Advances in Linguistic Sign Theory*. Berlin and New York: Mouton de Gruyter.

van Dijk, Teun A.
    (1977)   *Text and Context: Exploration in the Semantics and Pragmatics of Discourse*. London and New York: Longman.

Diver, William

    (1980)   Introduction, *Columbia University Working Papers in Linguistics* 2: 1—20.

    (1984)   *The Grammar of Modern English*, 1984 Version. (Unpublished MS.)

    (1990)   Theory, *Columbia University Working Papers in Linguistics* 9: 1 - 13.

Fillmore, Charles J.

    (1968)   The Case for Case, in Emmon Bach and Robert T. Harms (eds.), *Universals in Linguistic Theory*. New York: Holt, Rhinehart and Winston, 1 - 88.

    (1972)   Subjects, Speakers, and Roles, in Davidson and Harman (eds.), *Semantics of Natural Language*. Dordrecht-Holland: D. Reidel Publishing Company.

Grice, H. Paul

    (1967)   Logic and Conversation, in P. Cole and J. L. Morgan (eds.), *Syntax and Semantics III: Speech Acts*. New York: Academic Press, 41—58.

Halliday, M. A. K. ; R. Hasan

    (1976)   *Cohesion in English*. London: Longman.

Hirtle, Walter

    (1982)   *Number and Inner Space: A Study of Grammatical Number in English*. Quebec: Les Presses de L'Université Laval.

Hjelmslev, Louis

    (1943)   *Prolegomena to a Theory of Language*. Translated by Francis J. Whitfield. Baltimore: Waverly Press(1953).

Jakobson, Roman

    (1949)   On the Identification of Phonemic Entities, in *Selected Writings I*, 416—25. 'S-Gravenhage: Mouton.

Johnson-Laird, P. N.

    (1986)   Reasoning without Logic, in Terry Myers, Keith Brown and Brendan McGonigle (eds.) , *Reasoning and Discourse Processes*. London: Academic Press.

Joos, Martin
(1962) *The Five Clocks*. Indiana University Research Center in Anthropology, Folklore, and Linguistics.

Lakoff, George; Mark Johnson
(1980) *Metaphors We Live By*. Chicago: University of Chicago Press.

Myers, Terry; Keith Brown; Brendan McGonigle(eds.)
(1986) *Reasoning and Discourse Processes*. London: Academic Press.

Quirk, Randolph; Sidney Greenbaum; Geoffrey Leech; Jan Svartvik
(1985) *A Comprehensive Grammar of the English Language*. London & New York: Longman.

Reid, Wallis
(1991) *Verb and Noun Number in English: A Functional Explanation*. New York: Longman.

Saussure, Ferdinand de
(1959) *Course in General Linguistics*, translated by Wade Baskin. London: Peter Owen.

Searle, John R.
(1969) *Speech Acts*: *An Essay in the Philosophy of Language*. Cambridge: The Cambridge University Press.
(1979) *Expression and Meaning*. Cambridge: The Cambridge University Press.

Sperber, Dan; Deidre Wilson
(1986) *Relevance: Communication and Cognition*. Cambridge, Mass: Harvard University Press.

Wilks, Yorick
(1986) Relevance and Belief, In Terry Myers, Keith Brown and Brendan McGonigle (eds.) , *Reasoning and Discourse*

Processes. London: Academic Press.

Wilks, Yorick; Janusz Bien

（1983） Beliefs, Points of View, and Multiple Environments, *Cognitive Science* 7, 95—119.

程雨民

（1983） 格赖斯的"会话含义"与有关的讨论,《国外语言学》, 1983 年,第 1 期。

（1986） 英语使用中的表面不连贯,《外国语》,1986 年,第 4 期。

（1986） 意义和信息,《语文论丛》,第 3 辑,上海：上海教育出版社。

（1989） 《英语语体学》,上海：上海外语教育出版社。

（1990） 词汇意义,逻辑推理和语用学,《现代外语》,1990 年, 第 2 期。

（1991） 直义句中的推理,《外语研究》,1991 年,第 3 期。

（1991） The Interpretation of Linguistic Signs and the Role of Inference, *CUHK Papers in Linguistics*, No. 3.

（1992） 语言使用中的逻辑推理,《陈望道先生诞辰一百周年纪念集》,上海：学林出版社。

（1993） In-depth development of the theory of comprehension,《外语研究》,1993 年,第 1 期。

（1993） 汉语中词汇和语法的互补,朱永生主编《语言・语篇・语境》,北京：清华大学出版社。

（1993） 语用分析如何介入语言理解——评 Levinson 的照应理论,兼评黄衍的纯语用解释,《现代外语》,1993 年,第 4 期。

（1995） Logical Inference Involved in Interpreting Direct Message Sentences, in Contini-Morava, Ellen, and Barbara Sussman Goldberg（eds.）, *Meaning as Explanation: Advances in Linguistic Sign Theory*. Berlin and New York: Mouton de Gruyter.

（2003） 《汉语字基语法》,上海：复旦大学出版社。

卢卡西维茨

（1991） 《亚里士多德的三段论》,李真等译,北京：商务印书馆,（根据牛津大学出版社 1957 年版译出：Lukasiewicz, Jan, *Aristotle's Syllogistic: From the Standpoint of Modern Formal Logic*, Second Edition. London: Oxford University Press, 1957）.

罗常培;王均

（1957） 《普通语音学纲要》,北京：科学出版社。

戚雨村;董达武;许以理;陈光磊（编委）

（1993） 《语言学百科词典》,上海：上海辞书出版社。

索绪尔

（1982） 《普通语言学教程》,高名凯译,北京：商务印书馆。

卫岭

（1992） *Homonymy and Ambiguity.*（手稿）